宗教の名を使った暴力的
過激主義を問う

—ACRP 創設 40 周年記念シンポジウム記録と
宗教協力の草創期と展開—

仏教タイムス 編集部

ＡＣＲＰ創設40周年記念シンポジウム（２０１６年10月26日）

基調発題を行う寺島実郎氏。世界が４００年ぶりに宗教復権の時代にあることや暴力的過激主義の問題について提起した

開会挨拶を述べる庭野日鑛氏（WCRP日本委員会会長）

祝辞を述べる中国の学誠法師（上）と畠山友利 ACRP事務総長（下、当時）

基調発題に聞き入る参加者たち（上）と会場全景（下）

パネルトーク

スファトメット・ユニャシット氏（RfP タイ委員会執行委員）

杉野恭一氏（RfP 国際委員会副事務総長）

キム・ヨンジュ氏（韓国宗教人平和会議会長）

ディン・シャムスディーン氏（ACRP 実務議長）

山崎龍明氏（司会、WCRP 日本委員会平和研究所所長）

日本の役割についても話し合われたパネルトーク

海外の参加者たちも熱心に聞き入った（上）
閉会挨拶を述べる杉谷義純氏（WCRP日本委員会理事長）

写真パネル展示

会場ロビーにはACRPの活動と大会をたどった写真パネルが展示された

ACRP大会の歩み

ACRPⅠ（シンガポール）
最初の大会は1976年11月に行われた。当時インドシナ難民が国際的な問題となりシンガポールにもボートピープルが漂着し、ACRPはWCRPと共に支援に着手した（WCRP日本委員会『WCRP 20周年記念写真集』）

ACRPⅡ（インド・ニューデリー）
１９８１年11月に開催され、期間中、非暴力運動を展開したマハトマ・ガンジーの廟を参拝した（同）

ACRPⅢ（韓国・ソウル）
1986年6月に開催。当時、韓国と国交のない中国代表団が参加した（同）

ACRPⅣ（ネパール・カトマンズ）
1991年10月に開催。初めて朝鮮民主主義人民共和国の代表が加わり、南北朝鮮の宗教者が再会を果たした（日本委員会『第4回アジア宗教者平和会議・決定事項』）

ACRPV（タイ・アユタヤ）
1996年10月に開催。直前に地元で大洪水被害が発生したことから、青年宗教者たちが各国語で支援の募金を呼びかけた

ACRPⅥ（インドネシア・ジョグジャカルタ）
2002年6月、仏教遺跡ボロブドゥールに近い同地で開催。日本委員会事務総長（当時）の杉谷義純氏は研究部会の議長を務めた

ACRPⅦ（フィリピン・マニラ）
2008年10月に開催。会議の合間にスリランカ平和構築・復興日本政府代表の明石康氏（左から5人目）とスリランカ宗教者が和平に向けて非公式に話し合いが持たれた

ACRPⅧ（韓国・仁川）
2014年8月に開催。会場入口前での記念写真撮影。期間中、朝鮮半島の平和に関する特別ワークショップが行われた

目　次

宗教の名を使った暴力的過激主義を問う

第１部

ＡＣＲＰ創設40周年記念シンポジウム記録　5

『いかに宗教の名を使った暴力的過激主義に応答するか？』

開会挨拶　庭野日鑛　ＡＣＲＰ共同会長・ＷＣＲＰ日本委員会会長・立正佼成会会長　6

祝　辞　学　誠　ＡＣＲＰ共同会長・中国宗教者和平委員会（ＣＣＲＰ）副会長・中国仏教協会会長　8

畠山友利　ＡＣＲＰ事務総長　10

基調発題　寺島実郎　一般財団法人日本総合研究所会長　13

パネルトーク　33
発　題　杉野恭一　RfP国際委員会副事務総長　34
ディン・シャムスディーン　ACRP実務議長・ムハマディヤ前会長―インドネシア　38
スファトメット・ユニャシット　RfPタイ委員会執行委員・マヒドン大学人権・平和研究所講師・プログラム局長　41
キム・ヨンジュ　ACRP共同会長・韓国宗教人平和会議（KCRP）会長・韓国キリスト教協議会総幹事　44
ディスカッション　46
閉会挨拶　杉谷義純　WCRP日本委員会理事長・天台宗宗機顧問　58

第2部

宗教協力の草創期と展開　61

※役職・肩書きは当時のまま。
世界宗教者平和会議の略称には「ＷＣＲＰ」と「ＲｆＰ」（レリジョンズ・フォー・ピース）があります。日本委員会の場合にはＷＣＲＰを用い、国際委員会の場合にはＲｆＰを用いています。

なお、第2部は、仏教タイムスに掲載された記事のままです。

第1部

ACRP創設40周年記念
シンポジウム記録

How to Respond to Violent Extremism in the Name of Religion?

「いかに宗教の名を使った暴力的過激主義に応答するか？」

【開催趣旨】

1976年に第1回アジア宗教者平和会議（ACRP）がシンガポールで開催されてから40年が経ちました。40周年を契機として、ACRPの歴史を振り返りながら、第8回ACRP仁川大会のテーマである『アジアの多様性における一致と調和』を目指して、私たちが、いかに具体的に貢献できるのかを考える機会としたいと思います。特に、深刻化している宗教の名を使った暴力的過激主義の問題について、彼らを対立的な視点で敵とみなすのではなく、アジア・日本の視点で何ができるのかを、皆さまと共に考えたいと願っています。

日　時　2016年10月26日13：30～17：15

会　場　京都市国際交流会館1階イベントホール
（京都市左京区粟田口鳥居町2番地の1）

主　催　（公財）世界宗教者平和会議（WCRP）日本委員会（Religions for Peace Japan）

後　援　アジア宗教者平和会議（ACRP／Religions for Peace Asia）

開会挨拶

庭野日鑛
ＡＣＲＰ共同会長・ＷＣＲＰ日本委員会会長・立正佼成会会長

今回のシンポジウムのテーマは『いかに宗教の名を使った暴力的過激主義に応答するか？』であります。

皆さまもご承知のように、近年、世界各国でテロや紛争などの暴力が相次ぎ、多くの犠牲者が出ています。アジア地域も例外ではありません。

その背景の一つに、宗教の存在が指摘され、宗教そのものへの誤解や不信感も増大しております。

こうした現状を踏まえ、ＡＣＲＰの役員会で、暴力的な過激主義の問題に重点的に取り組むことが確認されました。今回のシンポジウム開催も、その一環と申せます。

一般的に人々は、テロなどの過激な暴力をふるう者に対して、強い嫌悪感を抱き、「自分たちとは異なる一部の過激主義者の仕業」と決めてかかります。

しかし仏教では、「十界互具」と言って、人間は誰でも仏のような心から、地獄の鬼のような心まで具えていると教えています。

他者に不寛容であったり、暴力性を持ち合わせていることは、ほかならぬ自分自身に内在する課題であり、そのことを自覚した上で、問題解決の糸口を探ることが、宗教者の基本とすべき姿勢でありましょう。

また仏教の『法句経』に、「怨みは怨みによって報いれば、ついに止むことはなく、慈悲によって止む。これは永遠の真実である」という有名な言葉があります。

テロや紛争で生じた怨みの心、憎しみの心を、どのように乗りこえていくか――それは、心の問題を扱う宗教者こそが、率先して取り組むべき課題であります。

さらにテロや紛争の背景には、貧困や格差、異なる宗教・文化・民族に対する排他主義など、複合的な要因があると言われます。

気候変動、環境破壊、水や食糧の不足、自然災害といった問題も山積しております。

それらの諸課題に、WCRP、ACRPなどの組織が、また個々の教団が、どうアプローチしていけばいいのかを見出し、今後の具体的な行動につなげていくのが、このシンポジウムの主たる目的であります。

ACRPが創設されて40年。この間、アジア地域の平和を目指してご尽力くださった諸先生の中には、すでにお亡くなりになった方も大勢おられます。また、今日まで継続的にお力添えを頂いている方もいらっしゃいます。衷心より敬意を表し、感謝を申し上げたいと存じます。

一方、新たな発想を基にした創造的な展開を目指すには、人材育成を通して世代交代が不可欠です。次の時代のＡＣＲＰを担う人材を育て、支えていくことに、力を注いでまいりたいものであります。

アジア地域には国、民族、文化、言語など多様な背景を持った人々が生活をしています。その多様性をマイナス要因とするのではなく、人間としての成長、心の豊かさに結びつけていくことが、いま、何よりも重要でありましょう。

一昨年、韓国の仁川で開かれた「第８回ＡＣＲＰ大会」の際にも申し上げましたが、「アジア」という言葉は、「日の出の地」を意味するとも言われています。そのアジアに生きる宗教者として、世界が一つとなるような「光」を投げかけていくことが、ＡＣＲＰに課せられた大事な役割であります。

本日のシンポジウムが、40周年を迎えたＡＣＲＰの新たな出発点となり、一層充実した活動が展開されることを念願して開会の挨拶と致します。

祝辞

学　誠

ＡＣＲＰ共同会長・中国宗教者和平委員会（ＣＣＲＰ）副会長・中国仏教協会会長

中国宗教者和平委員会（ＣＣＲＰ）を代表して挨拶申し上げます。

時の経つのは早いもので40年以上のあいだ、ＡＣＲＰはアジアにおける一致と調和を視野におきさまざまな文化や宗教と対話を持ち、平和教育を推進し、各国の人々の友好を育て、アジアの平和と発展に貢献してきました。その努力を考える時、ＣＣＲＰの創設者・趙樸初先生を思いだします。著名な宗教指導者で日本の友人でもあった趙先生は１９８５年の庭野平和賞受賞の折、世界平和を守るために、たとえ紆余曲折があったとしても我々は断固として進むとおっしゃいました。いま、趙先生や立正佼成会の庭野日敬開祖など宗教と平和に多大な貢献をされた先達を敬わないわけにはいきません。彼らの知恵と洞察力、勇気と尽力にこころから尊敬の念を表します。ＡＣＲＰは各国委員会の協力とすべての宗教家の弛みない努力なくしては急成長をなしえなかったでしょう。この機会にＣＣＲＰを代表しまして、ＡＣＲＰの共同議長、会長、事務総長、各国委員会の友人に改めて感謝を申し上げます。

中国に「四十にして惑わず」という諺があります。人は40歳になれば自分自身が進む道を知り、自分の生き方に迷いがなくなると言います。ＡＣＲＰも創設40年を経て、歴史の新しいスタート地点に立っています。私たちはこの世代の責任を担わねばなりません。この時代、対立ではなく対話を、同盟ではなく一致を、そして敵意ではなく友好を提唱し実践せねばなりません。

その際に三つの「相互」が大切です。まずは相互尊重で、対話と一致に必須の条件です。相手を尊敬してはじめて相手からも尊敬されます。二つ目は相互忍耐で、対話と一致の基盤です。自分の基準で相手を判断することは賢明ではありません。三つ目は相互学習です。対話と一致があってこそ互いに学びあうことができます。心を開くことが相互学習になります。世界はいま、大きく複雑に変化しており、人類は多くの課題に直面しております。相互尊重・相互忍耐・相互学習の精神を堅持し、一致団結してアジアの永続的平和と共通の発展、明るい未来のために行動しましょう。秋は収穫の季節です。登壇者皆さまの素晴らしい洞察力あるお話を楽しみにしております。

畠山友利

ＡＣＲＰ事務総長

ＡＣＲＰが創設されて40年を迎えます。この40年のお祝いはＡＣＲＰが一堂に会して大行事を持つということではなく、加盟の各国委員会がそれぞれ独自の立場で記念行事を開催することが決定されました。テーマは統一した『いかに宗教の名を使った暴力的過激主義に応答するか?』ということで、アジア各地でのイベント開催を通じ宗教者の声をより多くの人々に伝えたいという願いで計画されております。

このたびＷＣＲＰ日本委員会として、この趣旨に添い記念シンポジウムを開催いただいくことはＡＣＲＰにとってとても喜ばしく、また他国の委員会にとりましても大変勇気づけられるものであります。しかも日本国内の宗教指導者のみならず、ニューヨーク本部やアジア各地からのゲストを多数お招きし、本日のテーマをアジア全体の視点で考察する機会をいただきました。

ＡＣＲＰ40年を振り返る時、１９７０年にこの京都の地でＷＣＲＰが誕生し、この世界組織を母体としてアジアの諸問題はアジアの宗教者によって平和実現させたいという願いからＡＣＲＰは１９７６年に産声をあげることができました。

このＡＣＲＰ創設に携わられた宗教指導者の皆さまの並々ならぬ情熱、決意、努力、ご尽力に対し、その後に続き、継承させて頂く者の一人として衷心より感謝と追悼の念を捧げさせていただきたく思います。

ＡＣＲＰの今日にいたる歴史につきましては、先ほどの映像や廊下にある写真展示パネルを通じ、ご理解いただけたことと思います。40年の時代の流れと共に、ＡＣＲＰの活動の有り様も大きく変化していることも事実です。

20世紀後半、第二次世界大戦終結と共にアジアの各国は長い植民地支配から解き放たれ、独立を果たし新しい歩みを始めました。しかしながら東西冷戦構造の下、地域の紛争も絶えることなくアジア各地で続き、多くの人々が傷つき、苦しみました。やがてその冷戦構造も崩壊し、輝かしく21世紀を迎えたその矢先の２００１年9月11日のニューヨークで発生した同時多発テロを皮切りに世界は再び新たなる混沌に引きずり込まれているかのように思われます。

こうした諸問題につきましては、本日の基調発題で寺島実郎先生がご講演下さり、現状・課題・解決に向けて宗教者の役割等を詳しくお述べ下さると思います。気候変動、それに伴う自然災害の巨大化、難民問題、貧困・格差の問題、そして暴力的過激主義の横行など、どれをとってももはや国家の枠内、国家間の調整だけではけっして解決し得ない問題として私たちの目前に数多く山積しております。

かつてドイツのキリスト教神学者、ハンス・キュング博士は、「宗教間の対話・協力なくして世界の平和はあり得ない」と述べられました。その意味では宗教者の果たすべき役割、信仰者一人ひとりの意識の変革と連帯はこれからの世界にとって大変重要なことではないでしょうか。

とりわけ本日のテーマであります『いかに宗教の名を使った暴力的過激主義に応答するか?』はアジアや世界の各地において喫緊の課題であり、本日ご参加の皆さまと共に学び、行動していきたく思います。

基調発題

若い人たちに宗教の名による妥協なき殺戮が いかに愚かなことなのかを熱烈に語れ

寺島実郎
一般財団法人日本総合研究所会長

私は、この世界宗教者平和会議（ＷＣＲＰ）に長年注目し、大変な敬意を抱いております。またＡＣＲＰ40周年の節目のシンポジウムに参加でき感謝しています。

私自身は宗教者ではなく、日本のシンクタンク、日本総合研究所の会長という立場です。最近では大学にも務めており、アカデミズムにも身を置いていますが、もともとはビジネスマンとして世界を歩きまわってきました。40年以上ビジネスの現場で動いてきた人間です。社会科学を学び、ビジネスの現場を見てきた人間なので、宗教者の会議でお話しするのは大変僭越なのですが、世界約70カ国以上をまわり、とくに中東一神教、ユダヤ教、キリスト教、イスラームという宗教に支えられている地域にどっぷり浸かりながらフィールドワークと文献研究、そして心の中にあるテーマとして、そこに生きている人たちは、どういう思いで、宗教を信じ、関わっているのかということに強い関心をもって、中東、インド、アジア諸国を動きました。そういう立場でいま世界が抱える課題について、宗教者の皆さんに考えるヒントになればという思いでいます。

1・2%　ヒトとチンパンジーの違い

私の講演はこの資料集（『寺島実郎の時代認識と提言』２０１６年秋号）に基づいて、政治、経済、世界の構造転換で日本の経済はいったいどうなっているのかというテーマで講演しています。

基調発題は資料集『寺島実郎の時代認識と提言　2016年秋号』を用いながら行われた

本日はまったく趣旨が違いますので、資料集52頁、「生命史と人類史の射程から考える現代」（16頁）を見ながら聞いていただければと思います。我々が生きている21世紀の世界はこの十数年で大きく変わっています。特に技術開発、科学技術の世界においてこの15年間はコンピューターサイエンス、生命科学が進化した15年だと言っていい。私は社会科学をやっている人間ですが、生命科学は、人間とは何であるのか、宗教とは何なのかということについて、根底から考え直さなければいけないような新しい科学の地平線のようなものが大きな刺激を与えてきている。ここに「21世紀における生命科学の進化に基づく再考」と書いています。2003年ヒトゲノムの解読が終わりました。人間に対する考え方を大きく考え直さなければいけない時代がきました。この数字をみて驚かれると思いますが、ヒトとチンパンジーのDNAはわずか1・2%しか違わないことがわかったのです。

しかも個体差を考えたならば1・06%しか違いがありません。これは米国ワシントンのNIH（アメリカ国立衛生研究所）の人類の起源解明プロジェクトというのが2003年にDNAの解析を終えたというわけです。わずか1・2%の差とは何か。つまりチンパンジーと人間のギャップに存在する違いは、どうも言語や意思疎通に関するDNAが違うらしいということが判りかけてきました。まだ完全には解決されていませんが、私は今、この分野の文献を真剣に読んで深く考えさせられています。必ずしもすべての能力において人間がチンパンジーよりも優れているわけではないと検証されてきている。我々はせめてサルよりはましだろうと思いこんでいますが、必ずしもそうではありません。例えば瞬間画像認識力。チンパンジーはまるでカメラで撮ったように、あそこに木の実がなっているということを瞬間的に頭の中に記憶したら、そこに本能で飛んでいく。そういう瞬間画像認識力はサルのほうが優れているだろうという結果が出始めています。人間はコンピューターで1から9までの数字をパッと見せてパッと消して今の数字を追いかけろと言うと4から5か6の間で間違えます。人間が人間を過信してはいけないという部分が見え始めてきています。

【特別添付資料①】

《2016 年 9 月 13 日改訂》

生命史と人類史の射程から考える現代――被写界深度を深くとり時代認識を深めるために

＊INTEGRITY を探求する視座の重要性＝**知性とは INTEGRITY（全体知）**

―鈴木大拙の「外は広く、内は深い」に通じる視界

―断片的知識を超えた体系性（相関を見抜く英知）によって世界認識の基盤を拡充する努力が必要

―長い射程距離の中で現代を認識すること

＊「歴史のトンネル」の向こう側からのアプローチ→生命科学と人類史の進化を受けとめた認識重要

―6 万年前のホモサピエンスのアフリカからの移動と日本の古代史への接点という視界

1．人間とは何か：21 世紀における生命科学の進化に基づく再考

＊太陽誕生 46 億年前、地球誕生 40 億年前

――生命とは「自己複製と代謝」（細胞は偶然の化学反応の結果で形成された）

・ヒトゲノムの解読完了（2003 年）―ヒトとチンパンジーの DNA の差はわずかに 1.2%(2.2 万の遺伝子の内)

――しかも「個体差」を考慮して調整すると 1.06%の差

（注）「人類の起源解明プロジェクト」：ＮＩＨ傘下の米国立ヒトゲノム研究所での報告

必ずしもヒトがチンパンジーより優れているわけではないという実験：瞬間画像認識力

CF.　京大・松沢哲郎研究室のチンパンジー研究――食欲・生存欲求に結び付く「写実的記憶」

・結局、人間とは「環境適応生物」：環境に合わせながら生き抜いてきた

――1.2%は言語・意思疎通にかかわる能力らしいこと――ヒトは「情報食動物」（好奇心）

CF. ダーウィン『種の起源』-(1859 年)

（注）Jon Cohen “Almost Chimpanzee”（『チンパンジーはなぜヒトにならなかったのか』講談社、2012 年）

・大型類人猿はオランウータン、ゴリラ、チンパンジーの３属　―――大型類人猿の脳は 300-400g、

ヒトの脳は 1.25-1.4kg（人間のエネルギーの 25%は脳が消費）

（注）T.ズーデンドルフ “The Gap ―― The Science of What Separates Us from Other Animals”

（『現実を生きるサル　空想を語るヒト』、2013 年）

――ヒトは生きる意味と歴史（過去・未来）を問いかける存在

＊環境を通じた遺伝子の変化：マット・リドレー「やわらかな遺伝子」――「環境 VS 遺伝子」と決めつける宿命論を超えて―――環境論の典型が社会主義階級史観（資本と労働の階級闘争）であり、遺伝子論の典型がヒットラーの人種差別論（「邪悪なユダヤ」という決めつけ）

・2,500 万年前：サルと分離した類人猿の登場―――森の木の実、果実を食べる菜食動物

―――無尾類(尻尾がない猿)の登場　　＊この頃、日本列島がユーラシア大陸から分離

・500 万年～400 万年前：猿人の登場＝ヒトとチンパンジーが分かれる

非コード領域における突然変異：チンパンジーの染色体 48 本 VS ヒト 46 本

―――➤ 四肢の発達（二足歩行と器用な指先を手に入れた人類）による適応力の進化

（注）フランク・ウィルソン『手の 500 万年史』（2005 年）

手と脳と言語の結びつき―――二足歩行で得た手の解放―――道具を使う余地の拡大

―――　森から草原へ（雑食化しタンパク質摂取―――最初はシロアリ）

なぜこういう話をしているのかというと、生命科学が急速に進歩してくることによって我々の歴史も人類史に対する考え方を変えなければならないからです。トンネルを掘るようにこちら側から歴史を掘り起こしていく。ところがＤＮＡの解析というと、いきなりトンネルの向こう側から光が当たり始めて、人間とは何かを根底から考え直さなければいけないような時代が来ているという気がしています。

さきほど、９・11が起こり21世紀に入って世界は混沌の中にあるという話がありました。宗教者の方ならこの本を気にしておられると思う。リチャード・ドーキンスの『神は妄想である』（早川書房）。つまり宗教は人間の弱さが作りだした妄想だということを９・11が起こった失望感、宗教の名による殺人ということが跋扈している失望感のなかで著された。無神論と言いますか、神の存在、仏の存在を否定するような考え方が大変な衝撃をもって若い人たちに浸透していると言っていいだろうと思う。そこで私としては宗教の起源に関して社会科学の立場から確実に視界に入れておくべきこととは何かを自問自答しています。資料集に、我々のご先祖であるホモサピエンス（新生人類）が約６万年ぐらい前、アフリカ単一起源説という、アフリカにホモサピエンスの原点があるということは、これもまた最近科学的に実証されてきて、その新生人類が６万年前にユーラシア大陸に入り動きだしました。世に言うグレートジャーニーの始まり。国立科学博物館が数年前、グレートジャーニー展を開きました。ユーラシア大陸に動きだした我々のご先祖は、大陸を動いて環境に適応しながら、北に動いた人間は寒い環境に適応しながら生き延びました。環境に適応しながら進化してきたのが人類なんだと検証され始めた。最近では日本列島にホモサピエンスがたどり着いたのが3万8千年前ぐらいだろうと検証され始めてきた。来月、東京国立科学博物館でラスコーの壁画展、洞窟の壁画展が始まりますが、ヨーロッパに動いたホモサピエンスが、クロマニヨン人と言われ、フランスに大変芸術性の高い洞窟画を残していて、その展覧会が行われます。

2500年前、3大宗教出現

ようするにアフリカ大陸からユーラシア大陸に入り出した人間が世界に展開してわれわれの先祖として文明・文化を築き上げてきました。7万年前から地球は寒冷期に入り、約1万年前に寒冷期を終え、定住革命が起きました。つまり一つのところに住んで狩猟文明から農耕文明に一歩踏み出し始めたと言われています。このあたりからいつ人類は宗教にいたったのか。道徳、宗教、心の問題が、人間の心に意識され始めたのか。これについても21世紀に入ってさまざまな文献、研究論文が出始めています。まず哺乳類としてお母さんが子どもに乳を与えるような文脈で、肉親に対する愛というものが哺乳類に芽生えてきたということは、誰もが想像に難くない。ところがそういった愛の起源とは違うような道徳だとか、近隣の人々に対する愛とか、やはり定住が進む中で共存していかないといけません。調和の中でコミュニティーや社会で一緒に生きていかなければならないという環境の変化の中から人間の心の中に道徳とか近隣に対する愛が芽生えたということがさまざまな研究から指摘され始めています。

５３００年前にスイスアルプスの氷河の割れ目に転落したのだろうと思われていた、アイスマンの真実。１９９4年に不思議な人間が発見されました。欧州中の科学者が冷凍人間（アイスマン）を解凍調査したのです。瞬間冷凍されて現代に生き返ったようなものですから、大変な情報量が、５３００年前のヒトであることを含めて検証されてきています。胃袋を解剖してみて意外と豊かな食生活だったことが検証され、一定の医療行為もあったことがわかりました。身体中に、東洋医学用語のツボにタトゥーが入っているなど科学的に検証され、５３００年前に生きていた人間はこういうものだったのかと次第にわかってきました。問題はそこからで、我々の歴史認識の中にたとえばモーゼの出エジプトがBC13世紀ですから、いまから３３００年ぐらい前。モーゼがエジプトを出たという歴史的出来事があったようです。そこから中東一神教の原点にあるユダヤ教なるものが、ユダヤ教としての態勢を整えたのが２５００年ぐらい前だと言われています。その２５００年前というのは非常に気になる数字です。

というのは、まさに２５００年前、インド亜大陸にブッダが登場し、中国に孔子が登場してきました。世界の3大宗教といわれる宗教のオリジン（起源）がどうも２５００年ぐらい前から動き始めたという気がします。ニコラス・ウェイド著『宗教を生み出す本能』（ＮＴＴ出版）という作品があります。宗教の凄みというのは、自分の肉親に対する愛情や、自分のコミュニティーに対する愛情を超えた利他心と言いますか、他者に対する深い愛情や慈悲の心、そういうものが人間の心に芽生えてきたことを意味することだと思う。つまりリーダーの視界の中にエゴから、宗教学で言えば自己愛からアガペーの利他愛という考え方をとるようですが、ある種の高潔な価値を生み出し始めたのです。宗教の心というものが２５００年ぐらい前に生まれてきたということは、つまり他者に対する思い、慈悲、愛、そういうものを重んじる心が人間の心の中に芽生え始め、そこから我々の宗教に対する、生きるということに対する視界が大きく変わってきたと言っていいでしょう。

ＡＩ（人工知能）と人間の意識

21世紀に入ってからの生命科学の話から始まりましたが、宗教は再び大きな試練に直面しています。その一つがＡＩ（Artificial Intelligence）、人工知能と言われている分野の研究がもの凄い勢いで進んでいることです。ＡＩ＝人工知能は、ご存知のように囲碁や将棋の世界では人間よりも強いという実績をあげ始めました。ＡＩの認識、記憶、思考、学習能力がもしかすると人間を超えていくのではないかという議論さえ出始めています。ＡＩというのは、脳は神経細胞で、電気回路と同様にCPUで演算処理ができます。そういう仮説の元に加速度的に進化していっています。プログラムにおいて人間の知能に迫るか、凌駕するような勢いで進化しているのです。最近の研究では２０４５年、あと30年の内に、シンギュラリティ（singularity）、特異点と日本訳されていますが、ＡＩが自分で自分よりも賢いＡＩを開発していくような時代がくるのでは、というようなことさえ予測されています。ただし我々が考えておかなければならないのは、いかにＡＩが進化しても、人間というものと機械コンピューターの違いについてしっかりした考え方をしなければいけないということです。どこが機械と人間の違いなのか。目的手段合理性です。ある目的を設定して目的のためにビッグデータを集めてその課題を解決するために最適の効率回路でデータを分析する。目的に対する手段の合理性においては、人間がコンピューターにかなわなくなる時代がくるといっても過言ではありません。しかしもっとも重要なのは、人間に残された目的を設定する、つまり課題設定力です。この課題設定力が、人間が自分の頭で考えて課題を設定する力を持ち続けなければいけないポイントだと思います。

なぜこういう話をするかというと宗教を意識するからなのです。認識と意識は違います。社会科学はレコグナイズ（recognize）する力、認識力です。資料集には「時代認識」とある。どうやって時代や社会を的確に認識するかに力を入れているのが社会科学。そこで最近のＡＩ研究の中に注目すべき成果がでています。それはコンピューターには意識がないということです。認識する力は飛躍的に高まっていきますが、英語で言うと意識はコンシャスネス（consciousness）。コンシャスネスは日本語で正気とも訳すけれども、コンピューターにはコンシャスネスがない。このことの意味を少し考えてみたいと思います。

例えばアポロ11号が月面に到着して宇宙飛行士２人が月面での活動を始めたときに、月の地平線の彼方に自分たちのふるさとである地球が上ってくるシーンに出くわした。こぶし大の地球が上ってきて、振り返ってその地球をみたときに２人の宇宙飛行士は、心から感動し、涙がでた。その瞬間に、自分が育ったふるさととしての地球、そこに生きている友人、仲間、両親といった思いが交錯して地球を眺めているだけで涙がこみ上げてきた。これが意識です。コンピューターが３６０度センサー機能をもっても、後ろから地球が上ってきても、気づくし認識はしますが、振り返った時に感動のあまり涙がでるという、感動を覚えることはない。人間のコンシャスネスの中でじつはもっとも大切な意識、正気のポイントはどんなに人工知能が発展してもけっしてそうしたところに到達するはずがないということです。つまり、神や仏を意識する力と言いますか、人間には大きな力で生かされていて、大きな力で取り囲まれて、けっして奢ってはいけず、謙虚な気持ちで生きていかなければいけないという思いが、意識として存在する力を持っている。

ウェストファリア条約と宗教の復権

人間が動物と違うところ、どんなに優れた機械とも違うところ、それはこの「意識する力」だと思います。自分を超えた神なり、自分を超えた仏の目線と言いますか、そういうものが自分を見つめている力にこころが響く能力です。人間の脳というのはわずか1・5キログラムしかない。この1・5キログラムの脳には何かがある。意識、感じ取れる力です。時間の経過や、体験、そして自分の交流の蓄積など、そういうものを瞬時に思い起こして心を熱くさせる力がある。めまぐるしい科学技術の進化の中で、我々自身が持ちこたえなければならない正気、コンシャスネスだと思います。そこで社会科学のフィールドに入っていきますが、この資料集の1頁に世界の構造転換と日本の進路を考える基本資料のなかでヘンリー・キッシンジャーが登場しています。私はいま社会科学、政治・経済に関わっている人たちの時代認識に関して、あるいは世界認識に関していったい誰が世界を正しく読み込めているのか、的確に認識しているのかに強い関心を持っていますから、この人の世界に関する認識は注目しています。そのなかでキッシンジャーが2014年に出版した『ワールド・オーダー（World Order）』という本があります。つい6月に日本語訳（『国際秩序』日本経済新聞出版社）が出版されました。20世紀の世界史に大きな役割を果たした人物の一人である94歳のキッシンジャーが世界をどう見ているのかが気になってこの本を読んで心動かされました。彼の遺言に近い本だと思います。彼は、世界は約400年ぶりの世界秩序の大きな変更期にさしかかっていると言っています。

なぜ400年ぶりの変更期なのか。一言でいうと宗教の復権と彼は言っています。400年は何の話だと思うかも知れませんけれども、そこに1648年ウェストファリア条約が登場している（24頁）。これはいったい何だと思う方もいるでしょう。これは欧州最後の宗教戦争と言われた30年戦争の終結点で結ばれた条約で、プロテスタントの国オランダが、カトリックの国スペインに対する80年にわたる独立戦争の結果結んだ条約ともいえます。国際政治学を学んだ人間の常識としてよくウェストファリア条約が登場してきますが、一言でいえば政治の宗教からの自立と言われていま

「世界の構造転換と日本の進路を考える基本資料」

2016 年への展望――「不機嫌で不安な時代」→「災い・苦難の時代」

・ロンドン・エコノミスト誌 の "THE WORLD IN 2016"

2013 年	米中関係
2014 年	ロシア
2015 年	Failure of Leadership(指導力の欠如)・Disorder(無秩序)・World Divisions(分断)
2016 年	**Woes (災い)・Women (女性)・Wins (スポーツ・イベント)**

・「解体する秩序――リーダーなき世界の漂流」リチャード・ハース(CFR 会長)――FA 誌2014年 11 月号
―米国の覇権というポスト冷戦秩序の解体:「いかに迅速に奥深く解体プロセスが進展するか」という局面
つまり、統治能力を失った「全員参加型秩序」=G・ZERO の時代へ
―冷戦後の一極支配でも、その後の多極化でもない時代 :新興国BRICs の後退

・世界はＩＳ問題により痙攣の連鎖へ ◆参照:P.11、特別添付資料②(P.66-67)
――フランス、ロシア、トルコへの連鎖と混迷(もはや中東問題ではない)
――本質的には、キッシンジャーが著書"World Order"(2014 年)で指摘するごとく、
400 年ぶりの世界秩序変更期　　《1648 年ウェストファリア条約》
=宗教的権威の復権(キリスト教 VS イスラム教の衝突)
***イスラム・ジハード主義=イスラムではないが、双方に相手を敵対者として決めつける要素を内包**
・歴史的に、欧州が「欧州は一体」というアイデンティティを確立するために「イスラムの脅威」は不可欠であった
610 年頃:ムハンマド、神の啓示を受ける　632 年:ムハンマド死去

第１の衝突	**・715 年…ウマイヤ朝イスラム(都:ダマスカス)がイベリア半島を制圧 ・732 年…ピレネー山脈を越えて、フランク王国に侵攻したが敗北 *この時、欧州に「フランク王国を中核とするキリスト教共同体」という自覚**
第２の衝突	**11 世紀末から約 200 年間にわたる「十字軍」 ・アナトリアのセルジューク朝の勢力拡大に対して、 ビザンツ皇帝からローマ教皇へ救援要請 1095 年「聖地回復の義務」(クレルモン宗教会議) 1221 年の第 5 回まで、「敵対心とアイデンティティ」を相互増幅 ・1453 年コンスタンチノープル陥落(ビザンツ帝国滅亡)**
第３の衝突	**大航海時代と、オスマン帝国との血みどろの戦い ・イベリア半島における「国土回復運動」と 1492 年のグラナダ陥落 ・大航海時代とは:イスラムの壁を迂回した欧州によるアジア接近 ・1571 年レパント海戦(オスマン艦隊の敗北) *「欧州のトラウマ」となった 16~17 世紀、オスマン帝国による 2 回のウィーン包囲 ①1529 年スレイマン 1 世の 12 万人の軍による包囲 ②1683 年大宰相パシャの 15 万人の軍による包囲**
第４の衝突	**20 世紀、第一次世界大戦とオスマン帝国の解体 ・1916 年:サイクス・ピコ協定→中東における英国の覇権 ・1970 年代:英国に代わり米国の湾岸支配 ・1979 年:ホメイニ革命以降、湾岸戦争、イラク戦争を経た米国の後退 *欧州は中期的にイスラムの支配下(ユーラビア)になる可能性 (ミシェル・ヴィノック『フランスの肖像』) →既に 1,700 万人のイスラム人口:欧州の低い出生率と移民・難民の加速**
第５の衝突	**21 世紀、「イラクの失敗」　→イスラム・ジハード主義の台頭 →グローバル・ジハードの様相**

す。中世時代の欧州においてはローマ・カトリックの影響、つまりローマ教皇の影響力がすべての秩序の原点でした。ところが血で血を洗うカトリックとプロテスタントの争いが行き着いた結果、1648年のウェストファリア条約によって政治というものが、宗教的地位から自立し始めました。近代政治の始まりとも言われる。つまり勢力均衡の、国際政治学の原点のところにウェストファリア条約によって近代の政治力学が始まったという捉え方がされています。

それから400年が経ったいま、キッシンジャーが世界は400年ぶりの世界秩序の変更期にあるといいます。ぼく自身も17世紀オランダ論を岩波書店の月刊誌『世界』に長年連載しているため、同じような思いがあります。ポジティブな意味においても、ネガティブな意味においても宗教というものを国際政治、国際経済の中で無視できなくなってきた状況を、キッシンジャーは400年ぶりの社会秩序の変更と言い、その一つがイスラーム・ジハード主義と言われる、「IS」(イスラム国)という勢力に象徴されるような宗教の名の下の殺人と言いますか、そういうものが我々を震え上がらせ突き動かしている。

こういう思い出があります。7~8年前のことですが、ベルリンであるシンポジウムが行われ、ドイツの指導者だったシュミット元首相、去年亡くなられましたが、シュミットさんと約3日間、行動を共にしながらシンポジウムに参加しました。その時に彼とアジア状勢を語る機会があり、北朝鮮の脅威について一所懸命話しました。するとシュミットはこう言い放った。北朝鮮の話など、どうでもいいと。彼は自分の人生を振り返り、かつて、カストロもチェ・ゲバラも、我々は怖れを抱いた。なぜなら世界の若者が彼らの言動に共鳴して、それに飛びこんで行くような力、引きつけられる力があったからだ。今の北朝鮮の体制に世界の若者の心をときめかせるような力は一切ないのだからそんなものは怖れるに値しない、と言ったのです。むしろ真剣に向き合わなければいけないのはイスラームとの対話だと。この話を聞いて非常に心打たれました。当時、イラク戦争が終息した直後だと記憶していますが、いま欧州に6千万人にのぼるイスラーム人口があり、増えてきています。これらの人々が抱いている屈折した目線、裕福なアラブ、我々がGCCと呼んでいるサウジアラビアやクウエートなどオイルマネーで豊かになったイスラームの人たちが欧州に買い物にツアーでやってきて大変目立っています。一方でさまざまな事情で欧州に流れ込んできたイスラームを背負った人たちが6千万人に迫っている。鬱屈した目線、屈折した目線で世界を見ています。

キリスト教対イスラーム

これらの人たちの心情を考えた時に、次にキリスト教共同体とも言える欧州が真剣に取り組まなければならないのはイスラームとの対話だと、シュミットが熱心にぼくに言いました。彼の視点は的確だったとその後の経過を振り返り実感しています。1頁の下に私自身が整理した、7世紀アラビア半島にイスラームが現れてから5回にわたるキリスト教対イスラームの戦い、衝突を整理してあります（24頁）。610年にムハンマドが神の啓示を受けてから100年経つか経たないかで、イスラームはウマイヤ朝という体制のもとに欧州になだれ込みます。ピレネー山脈を越えてフランク王国に攻め込もうとしたのです。このとき欧州は初めて、自分たちはキリスト教共同体だと意識を持ちました。今度は11世紀末から200年にわたる、世に言う十字軍です。ビザンツ皇帝からローマ教皇へ要請があり、聖地奪還の夢を追いかけて200年にわたるキリスト教から中東への侵攻が行われました。3つ目の衝突は大航海時代とオスマン帝国との血戦です。オスマン帝国の台頭、中東にオスマンの壁ができました。我々アジアに生きている人間は大航海時代によって欧州がアジアに迫ってきたという認識を持っていますが、実はこのときオスマン帝国の壁があり、アフリカ大陸の南を越えて、インド洋に入っていかなければいけませんでした。つまり迂回して欧州がアジアに接近してきた大航海時代というのは、オスマン帝国という壁があったからです。オスマン帝国は1529年と1683年の2度にわたって当時の欧州の心臓とも言えるハプスブルグのウィーンを包囲し、欧州は震え上がりました。欧州では、子どもを寝かしつけるときに今でも「早く寝ないとトルコ人がくるぞ」と脅すぐらいトラウマのようにオスマンの脅威が刷り込まれています。

第4の衝突以降は我々の時代です。約100年間におよぶ第1次世界大戦とオスマン帝国の解体です。ちょうど100年前、サイクス・ピコ協定と書いていますが、つまり大国の横暴の始まりです。当時の覇権国家英国の中東における縄張りが、今日の国境にまでなっています。私はサイクス・ピコ協定の現物を見たことがありますが、赤鉛筆で、ここからここまでがイギリス、ここがフランスのものというようにオスマン帝国が解体した後の権益を分与したものです。そういう時代が

100年前だったのです。大英帝国が引き下がって1968年にスエズ運河の東側に引き、代わって湾岸に覇権を確立したのが米国です。その米国が中東の護り本尊のように育てようとしたのがイランの国王シャーという体制でした。つまりパーレビ体制です。ところが1979年にイラン革命が起こり、このあたりから米国の中東政策の混乱が始まります。ホメイニ革命、そして湾岸戦争、イラク戦争と中東の血で血を洗う戦いの中に米国自身も引きずり込まれていきました。

その大国の横暴が生み出した残骸が、いま我々が「IS」と呼んでいる存在だと気づかなければなりません。イラク戦争によって、サダム・フセインというスンニ派の政権をたたきつぶしました。気が付いてみれば、イラクの人口の6割以上がシーア派の国ですから、イラクの民主化という頭でっかちの発想で米国がイラクの民主化を試みたら、選挙では結果的にシーア派が主導する政権になりました。シーア派は隣のイランを起点にした一大勢力となってペルシャ湾北側に、シーア派の三日月と言われる大きなゾーンを残して米国は中東への影響力を落としていきました。皮肉なことにスンニ派の被害者意識が過激派勢力を生み出して、今日の「IS」と呼ばれている勢力の原点をつくりあげたといっていいでしょう。わかりやすく言うと、米国の中東政策への関与というのは、常に敵の敵は味方、短期的な利害で合従連衡を繰り返しているうち、結果的に中東をかき乱して、今日のような液状化にも近いような無秩序な状態をつくってしまったのです。それが第5の衝突、イラクの失敗です。その中からイスラーム・ジハード主義、今日グローバル・ジハードという言葉さえ聞かれます。

今年7月にバングラデシュのダッカで日本人7人が殺戮されるという事件がありました。私はあの事件をシンガポールで知りましたが、日本人として、自分たちの眼をしっかり見開いて、問題を深く考えなければならないと思いました。日本のメディアは日本人が7人殺されたことだけが重要な情報として報道しました。日本人自身も日本人が殺されたか殺されないかが関心の対象で、もしこの事件で日本人が殺されていなければ、事件はこの世に存在しないような関心でしか向き合わないだろうと思います。ところがラマダーンといわれた期間だけで、世界で399人が「IS」およびIS」を支援する勢力によってテロの犠牲となって殺されている。日本人の視界の中には399人は一切入らない。日本人が殺されたか殺されてないかが関心の対象というきわめて内向きの視界でしかこの種の問題を考えていないという現実がある。

しかもダッカの事件というのは日本人が不幸にして巻き込まれて殺されたのではない。日本人だと叫んでいるのに、殺されたのです。というのは、いまや「IS」なる勢力にとって、日本を不用意に有志連合なる枠組みに名を連ねていると、彼らと敵対している勢力の中に単純に位置づけられてしまうのです。われわれ自身が認識としてしっかりともたなければいけないのは、シンガポールの「ストレートタイムズ」が真剣に追っていた、この399人の人がどこでどういういきさつによって殺されたのかということです。日本人は、ダッカで日本人が殺された以外、世界中でこういうことが起こっているのだということに、想像力が働かないような状態と言っても過言ではない。

共生と協調という意識

9・11後、テロや戦争、内乱で亡くなった人が、およそ30万〜40万人いる。その大半が宗教の名の下に殺人やテロを正当化しているといっていいだろう。人類の歴史を振り返りながら今日の話を始めましたが、人間の傲慢さをしっかりとにらみつけているのが、天・神・仏といった宗教だと思っています。先ほど、意識する力が人間の能力で決して機械に取って代われない力と話しましたが、人間の知恵なるものを超えた大きな存在を人間が意識しなくなったら、それは途方もない傲慢に陥ります。世界の宗教対立の歴史を私なりに分析し向き合ってきて、気づくことがあります。宗教対立を超えていく唯一の方法は、相手の立場を認めることです。共生し、協調して生きるという覚悟を持たないと、要するに血で血を洗う戦いを正当化していく誘惑に抵抗できなくなります。「赦し」という言葉がありますが、広い意味での慈悲、赦す心、相手を認める心、すべての人が幸福になろうとしていることに対して、理解する力がなければ前に進めないと思います。先ほどキッシンジャーが４００年ぶりの宗教復権の時代に直面しているという話をしましたが、30年戦争の終結点で結ばれたウェストファリア条約が妥協の産物だとしても、相手の存在を認めて、赦して、踏み出していくしか、要するに進む道はないのです。これこそが人間の知恵です。多くの歴史家が人類の歴史に横たわっていることの教訓についてさまざまな議論を展開していますが、それに目を通してみても結局、歴史の進歩について心に問い返してみても、まず「共生と協調」という意識がなければ前に踏み出せないのです。

英国の歴史学者アーノルド・トインビーは、イギリス人的な視点からの歴史の教訓について盛んに言っていますが、人類が歴史の葛藤の中で学んだことは何かについて、極めて端的に書いています。人間は、他者を支配するという奴隷制はよくないことに気づいたと。人間が他者を支配できるという傲慢さに気づき、奴隷制はよくないと気づくことが歴史の進歩だと。イギリス人にとって歴史の教訓は、非常に興味深いですが、民主制が良いか、君主制が良いかという血で血を洗う戦いを積み上げた結果、穏健な保守主義と言いますか、妥協の中で今のイギリスが辿り着いたのが立憲君主制という政治システムです。穏健な保守主義にいたるしかないのだと気がついた。そして植民地だったアメリカとの独立戦争を戦って、植民地主義はよくないと気がついたとトインビーは言っている。私もそう思います。

日本が近代史の中で辿り着いた教訓もそれに近いと思います。我々は歴史の脈絡の中で、しっかりと学び取って進んでいかなければいけません。世界宗教者平和会議のアジア版が40年間にわたって積み上げてきたものは、おそらくこの文脈において私がいま申し上げたかったことと根底でつながってくると思います。宗教者が対話の道を作り出し、利害を超えたすべての人が幸福になることに対する理解の道をつくっていくステップが、宗教者が果たす役割の大きさを強く感じますので、こういった機会を通じて、とくに若いそれぞれの宗教の傘下で生きようとしている人たちに道しるべとなって、方向づけていただくことは重要と考えます。

宗教というのは権威です。その権威の中心にいる人たちが、若い人たちに宗教の名による妥協なき殺戮がいかに愚かなことなのかを熱烈に語り続ける情熱を失ったならば、世界は対話への道を見失っていくと思いますから、私は宗教者のみなさんにしっかりと役割を果たしていただきたいと思っています。ありがとうございました。

【講師略歴】寺島実郎（てらしま・じつろう）／1947年北海道生まれ。1973年早稲田大学大学院政治学研究科修士課程修了。三井物産株式会社に入社。米国三井物産ワシントン事務所所長、同社常務執行役員などを務める。財団法人日本総合研究所理事長、一般財団法人日本総合研究所理事長を経て、2016年6月から会長。著書に、第15回石橋湛山賞を受賞した『新経済主義宣言』（新潮社）、『沖縄と本土――いま、立ち止まって考える 辺野古移設・日米安保・民主主義』（朝日新聞出版、共著）、『中東・エネルギー・地政学―全体知への体験的接近』（東洋経済新報社）など多数。TBS系列『サンデーモーニング』コメンテーター。

パネルトーク

コーディネーター

山崎龍明

ＷＣＲＰ日本委員会平和研究所所長・武蔵野大学名誉教授。仏教。

パネリスト

杉野恭一

ＲｆＰ国際事務局副事務総長・仏教。

ディン・シャムスディーン

ＡＣＲＰ実務議長、ムハマディヤ前会長、インドネシア、イスラーム。

スファトメット・ユニャシット

ＲｆＰタイ委員会執行委員、マヒドン大学人権・平和研究所講師・プログラム局長、仏教。

キム・ヨンジュ

ＡＣＲＰ共同会長・韓国宗教人平和会議（ＫＣＲＰ）会長、韓国キリスト教協議会総幹事。

発　題

不寛容と過激主義、負の悪循環

杉野恭一
ＲｆＰ国際委員会副事務総長

昨年、フランスで諸宗教ネットワークがありました。ＷＣＲＰとも深い関係のある団体ですが、その創設者の若い26歳の青年が私のところに訪ねてきました。フランスの二十歳の女性が「ＩＳ」（イスラム国）に勧誘されつつあるということでした。女性は、海外ではソーシャルメディア、日本ではＳＮＳやフェイスブックを通して勧誘を受ける。その女性は人生に悩んでいる時だった。そこに「ＩＳ」のメディア担当者から連絡が来て徐々に二十歳の女性は友人としての関係をネット上で結ぶようになった。そして相手が語る世界観、世界がいかに不条理であり、差別と格差、抑圧に満ちているか。そしてこの世界を変えなければいけない。そうしたことが一つひとつ伝えられて、その女性があと一歩で「ＩＳ」の兵士に勧誘される事態であった。幸運なことにその諸宗教青年ネットワークの力によって女性は救われ「ＩＳ」に送られることはなかったのですが、こうして考えると暴力的過激主義、「ＩＳ」だけではありません。

じつは身近な国であるミャンマーは仏教国ですね。80％は仏教徒です。そうなってくると仏教徒の中には、仏教国だから仏教徒以外の人の権利は一定の制約が必要であると考えている人が多い。ほとんどの仏教徒にそうした感覚があると思います。仏教徒以外もすべて平等とならない。そうした不寛容の土壌と過激主義がつながってくる。これは、インドネシアの事例ですが、ワヒード研究所というところがあり、そちらの研究によるとインドネシアの72％は過激主義を拒絶している。それに対して、非ムスリムの権利の制限があってもいいのではないかという感情を持つ市民が38・4％いる。さらに過激的な行動をとる可能性が状況によっては自分もあるというのが7・7％。インドネシアのムスリムの総人口は約1億5千万と言われている。そのなかの7・7％が自分ももしかしたら過激的な行動をとる可能性があると答えている。インドネシアは大国ですから、人口も民族も多い。ディン・シャムスディーンさんのような方がいらして諸宗教、諸民族との対話をすすめている国であっても、7・7％の方々は過激的な行動に出る可能性がある。そうすると計算上、約1100万人になってしまう。それだけ他者に対して権利の制限と不寛容の土壌と過激主義は、インドネシアのような民主的な国であっても起こりうる。

仏教国ミャンマーは暴力とは無縁であると考えられているけれども、自分たちの仏教を護らなければいけない、そしてビルマ民族を護っていかなければいけないという一定の不寛容な感情が存在すると、その一部が過激化することがあるということなのです。

私は先週ナイジェリアのアブジャというところにおりました。あそこにもボコハラムという過激主義グループがいます。ボコというのは西洋の非イスラーム教育のこと。ハラムというのは罪。そうしたものを否定している。ボコハラムは２０１５年に「ＩＳ」に忠誠を誓って、チボクとよばれるところから２００名以上の少女を誘拐し、戦闘員と結婚させるといったような人権蹂躙が続いている。

そうした中で面白い分析があり、先ほどの勧誘、リクルートされる媒介に何があるか。英国では７００名近い若者が「ＩＳ」に加わっている。フランスや米国も多い。欧米で勧誘される媒介は、だいたいフェイスブックとかソーシャルメディアが多い。それに対してインドネシアでは、人々が宗教情報を得る媒介というのは、テレビによる説教が28・61％、モスクからの情報が24・５９％、その他宗教組織からが１・３４％。ソーシャルメディアに到っては１・０５％と比率が低い。過激主義に対してＷＣＲＰは、インドネシアのような場合にはテレビの説教師を抽出して宗教指導者が正しい教えを説き、ソーシャルメディアに関してはイギリスの１００名のイマームを集めてシーク・ビンバイアさん（ＲｆＰ国際委員会共同議長）を中心に「ハキカ」、アラビア語で〝真実〟というオンラインの雑誌をつくり、若者たちがオンラインで正しいイスラームの教えを学ぶような取り組みも行っている。そうした形で不寛容と過激主義の関係、あるいはリクルート媒介が国や地域によって差異があるため、それらに合わせた取り組みが必要になってくる。ＲｆＰ国際委員会もそうした取り組みを行っております。

そしてまた過激主義に関する取り組みでは、いわゆる軍事的安全保障の問題から包括的な取り組みへと移行している。これは暴力的過激主義の要因として、一つには宗教的イデオロギーの問題がある。社会、経済状況、貧困、格差、人権侵害といった経済的あるいは社会的な状況によって若者が過激化するといったことが起こる。また非常に大きな視点として、心理的な側面がある。これは最初のフランス人のケースのように人生に意味を見いだせないでいる。そして何かのグループに帰属し、クリアな目的をもって行動を取っていきたいという欲求が出てくる。それに対して社会はなんらの支援を与えることができない。既存の宗教団体もそれを与えることができないという場合に「ＩＳ」のメッセージに導かれていく。そうしたさまざまな過激的な暴力の要因に対して、ＷＣＲＰは諸宗教対話と協力を通して取り組んで行くことが必要になってくる。

我々はイランの最高指導者アヤトラ師とも関係がある。２０１４年12月にアブダビでそうした会合をもちました。その後、ホワイトハウスでオバマ大統領主催による会合があった。４月には国連事務総長室から要請がありＲｆＰ国際委員会は諸宗教指導者を集めてこの会合を行った。ようするに安全保障の問題から多面的な包括的な取り組みとして行動を起こしていくためには、宗教指導者の役割が欠かせないという結論にいたったからです。そうした取り組みは今も続いており、日本でも今年５月にスンニ派とシーア派の最高指導者を集めて、一部非公式でしたが、東京で会合を持ちました。こうした形で政治的、宗教的、社会・経済的、そしてさまざまな側面に対して取り組みを強化しています。

宗教の濫用を防ぐために

ディン・シャムスディーン
ACRP実務議長・ムハマディヤ前会長／インドネシア

諸教団の皆さま、ご来賓の皆さま、そしてお集まりの皆さま、コンニチハ。（拍手）

最初にACRP40周年のお祝いを申し上げます。

さて明快に言いたいことがあります。暴力的過激主義というのは宗教の名を使っているだけではない。他の名を使った過激主義もある。民族中心主義や政治的利害といったところにもある。このように暴力的過激主義は特定の宗教だけに関わっているものだけではない。世界のほとんどの宗教には常に過激右派が存在する。もちろん、中道もあるが、宗教の名を使った過激主義はますます強くなっている。というのは、宗教は人の意識の中で連帯・友好・一致といったものを形作るもっとも大きな影響の一つを持つからです。同じ国に対する愛、信念、究極の理解、神に対する信念というものを持つことで、あらゆる宗教は人間の意識の中でもっとも強い要素となっている。時には暴力的過激主義、宗教の名を使う場合もあるでしょうが、それ以外のケースも多々あるのです。

紛争や対立は宗教だけではなく、社会、経済、政治を原因とするものがある。宗教のニュアンスによって紛争・対立が起こる場合、宗教以外の要素が関わっていることが多いと思います。暴力が物理的に働くだけでなく、他の形の暴力もある。例えば言葉による暴力で外国人に対する排斥や憎悪など。このような暴力が行動と反応を引き起こす。また資本（お金）による暴力もあり、ときには格差が生まれる。持てる者と持たざる者の格差。ときには国家による暴力もある。資本主義の暴力と国家の暴力がつながると人々は物理的、あるいは言葉によって反応し、それを正当化する。もちろん宗教による暴力といった要素もある。けれども、信仰の側面以外に宗教に対する理解が、教典を含めて曖昧なことは多い。聖なる教典は平和の基盤であるのみならず、宗教の基礎でもあります。したがって聖なる教典と宗教との調整ができないと誤解が生じたり、それに政治的あるいは経済的な要素がからまって宗教の濫用が起こってしまう。政治的な目的のために宗教が濫用されるのです。

それに対して我々は何をすべきか。まずはあらゆる紛争を理解しなければならない。「IS」（イスラム国）現象を宗教面だけでなく、政治やその他の要素も考慮しないと理解できない。イスラーム世界のグローバル化により、イラン、アフガニスタンなどで大国によるダブルスタンダードが起こってきた。これにより中東、アラブではさまざまな問題が発生しているわけです。したがって「IS」というのは複雑な要素がからまった結果です。33万5千人のジハードをやっている戦士がサダム・フセインのもとで訓練を受けた。サダム・フセイン時代に彼らが社会に広がっていった。これらの人たちは宗教に対応している。イラクにおける強要された民主化もある。これがスンニ派とシーア派の対立の理由となっているわけです。イラクのほとんどがシーア派でしたが、サダム・フセイン後の民主化によって宗派が政治的に使われている状況がある。そのためあらゆる側面を包括的に見なければなりません。

個人的な観点ですが、宗教の名を使った暴力的過激主義、宗教の中のテロ、過激主義に対してまずは宗教的側面に対応しなければならない。暴力的過激主義に宗教的側面が関わっていることは疑いの余地はない。これに対してカウンター・ナラティヴ（対抗物語）のアプローチをとること。過激主義、とくにイスラームのなかで聖典を誤解しているところがある。聖典を字義通り理解しようとして、現実にあてはめて解釈しようとしている。例えば戦争を起こせと書いてあるとする。もちろん聖典は平和を説いているにもかかわらず、誤読し争いを起こす。そのためにカウンター・ナラティヴなアプローチが必要なのです。沈黙する大多数の人たちがその責任を担っている。イスラームの宗教指導者は特にカウンター・ナラティヴのアプローチをとらなければなりません。イスラーム国＝「ＩＳ」のリーダーに手紙を書きました。同時に主流の中道の人たちが大多数います。格差が広がっていくと宗教の名を使って抑圧された人々が宗教を一致の基盤として暴力に訴えるようになる。そして人類に対する罪をおかし、人類の尊厳を蹂躙し、世界の不正義を起こしてしまう。これに対して我々は共同の責務を負っているのです。特定の宗教だけでなく、あらゆる宗教の人々、政治的、民間も対応していかなければならないと考えています。

平和を望むポテンシャル

スファァトメット・ユニャシット
ＲｆＰタイ委員会執行委員・マヒドン大学人権・平和研究所講師・プログラム局長／タイ

暴力的過激主義という言葉がメディアでも多用されている。学術的には平和学などで扱われていて、いろんな研究がなされています。しかしよく判っていないのではないでしょうか。トレンド、パターンがあるかも知れませんが、どういうファクターが入っているのか判然としていません。例えば個人がどうやって過激主義化していくのかということはまだまだ研究が必要です。一方で判っていることもある。過激主義やラディカル化を主張する勢力は、個人をリクルート（勧誘）したり、その人たちを動員していくこと。あるいは暴力的な攻撃を行うこと。人権・開発に関して揺るがすような運動をしていくということ。文化、人種、宗教などこれらを護るんだという口実のもとに行われていること——は共通項としてあります。

ただ現象自体は突然やってきたわけではありません。プッシュ・ファクター（押し出す要因）、プルファクター（引き出す要因）というのが学術的にある。ドライバーとしてこの二つがある。プッシュ・ファクターは上からの直接的、構造的な社会正義、あるいは機会の存在、政治・社会的な存在からでてくる暴力。プル・ファクターは一人ひとりの行動、変容、個人のアクション。この二つが対立としてある。私たちはプッシュではなくてプル・ファクターに目が行きやすい。ですが、両方を見る必要があるのです。タイにも暴力的過激主義が存在します。ご存知のように南部では、2004年から頻発しています。イスラームの人々の自由化ということです。つまりタイの統治から、ムスリムを自由化したいというのがかれらのいい分ですが、これに政治的立場が関わってきています。これまで12年続き、6千人の命が失われました。

タイ中部のあたりでは、南部の反応として別のことが起きています。イスラームとテロリズムとの関わり、あるいは暴力や戦闘を伴った反ムスリム運動が出てきているのです。中心は、ソーシャルメディアなどです。タイでは47の段階を踏んで、イスラームに席巻されて行くであろうという風評が流れたりしました。タイは脅威にさらされているという風評です。実際にはないのですが、この47の段階がソーシャルメディアやメールなどで流れました。人々にとってはイスラームに対して非常に不安を覚えるものとなり、モスク建設やハラールというイスラームの食べ物に関しても、仏教徒の中から反対の声が出てきたりしました。

また汚職や腐敗、政府とも関連があるので、南部では政府が介入したりしているのが現状です。こういうところに私たちはどう対応したらいいのか、何をすべきなのか。9月に宗教と和解をテーマにしたトレーニングが開かれました。学者たちがいろいろ話しあいましたが、救済策はないとして爆弾を落とし、生存を脅かすべきだというような発言がありました。わたしは反対でしたので、そうではないという議論をした。私たちは平和を望むポテンシャル（潜在力）を信じていると申し上げた。私たちは人間の可能性を信じています。ですから排除ではなくて関わること。そして対話が必要だと考えています。政治もそうです。まず何が起きているかを理解することだと思います。われわれの問題ではないと思ってしまうのでは、どうでしょうか。そうではないのです。青年にもっと焦点をあてるべきだと思います。グローバルアジェンダ、人権、平和といったところにも青年を対象に、今回のテーマである暴力的過激主義をとりあげるべきです。国連の報告書でも対話を強調している。紛争克服には対話が必要なのです。多くの政策を作る人たち、かれらもまた紛争を望んでいるわけではありません。

一方で、紛争は避けられないともいえる。変化の機会であるともいえる。それにどのように対応していくのか。ここが長期的には大切なポイントと思います。問題に取り組む中で、一歩進んで取り組んでいるところはなかなかないでしょう。例えば、タイでは「ＩＳ」（イスラム国）に関して暴力は反対です。南部では暴力が発生すると、宗教指導者、青年を含めて声明を発表します。抗議の共同声明の場合もあります。それから犠牲者に対して哀悼の意を表します。さらに早期警告システムをつくっています。宗教指導者たちを対象としたものでソーシャルメディアなどを使っています。なにか憎悪が増幅している、あるいは不和が増大していると判った時に宗教指導者たちになんらかの行動を呼びかけるような早期警告システムを作動させているわけです。これは短期的な対応かもしれません。しかし効果もあるのです。その際、宗教指導者だけでは不十分であり、青年指導者も入っています。それからさらに拡大して、もっと取り組むべきは国（政府）や軍、警察を取り込んでいったほうがいい場合もある。平和学でもそういうことが言われています。

ここに集まっている人たちは大きなネットワークの一つです。一国だけでは対応できないことはたくさんあります。しかし大きなネットワークの人たちが手を取り合っていくことが長期的には必要だと思います。団結して護りあい、支え合い、補完し合うことです。

和解の立場から手を結ぼう

キム・ヨンジュ
ＡＣＲＰ共同会長韓国宗教人平和会議（ＫＣＲＰ）会長・韓国キリスト教協議会総幹事／韓国

今回、お招き頂き、お話できることに感謝致します。

韓国においては過激主義、原理主義が盛んになっている。韓国では7つの宗教が平和裡に共存していますが、しかしながら過激主義、原理主義が広がる可能性がみられる。いくつかの状況について話したいと思います。一人の女性が地下鉄のトイレで殺される事件が起こりました。犯人は、理由はないけれどもこの女性が嫌いだと警察に話した。2番目のケースとして、韓国のプロテスタントから、反ムスリムや反同性愛を標榜する政党が結成されました。最近の国会議員選挙区に新しい政党ができたわけです。韓国政府はこのような政党の設立を許しましたが、韓国の7宗教、あるいは他の宗教ではこのようなことは許されないという主張が出てきた。最後のケース。北朝鮮によって多くの人が死傷した事件がありましたが、韓国の宗教団体や市民団体は北朝鮮に対して効果的に抗議活動をすることができませんでした。

これらのことは、韓国は保守的なベースをもとにして、このような過激主義、原理主義が台頭する可能性があることを示した。韓国ではいわゆる年功序列、儒教に基づいたものの考え方、そして宗教間の対立がある。政治問題へのいろいろな見方も存在する。南北に分断された朝鮮半島の問題もある。

そこで韓国の宗教団体の一人として、こうした問題を克服するためには課題があり、それには過去の歴史を振り返る必要があることが判ってきた。2点ほどあります。一つは日本と韓国の間にある問題。いわゆる従軍慰安婦の問題が解決されていない。もう一つは南北が50年来対立の関係にあるということです。

この3年間、悲惨な戦いがありました。私の心の中は戦争のことでいっぱいになりました。この歴史的な観点が韓国の人たちに影響を与えている。ほかの人たちの権利を否定するような韓国の人たちが出てくるのもこうした歴史に起因する面があるのです。かれらはこの違いが悪いと言っています。宗教の違い、政治的意見の違い、あるいは文化の違い、これらはすべて悪いものだというふうに韓国の人たちは思うようになってきています。われわれ宗教コミュニティはどのようにしてこの人生の価値を伝え、護っていくのか。これが、われわれがモットーとしている第一のことです。

すべての宗教は和解をする立場で手を結ばなければなりません。いま韓国社会はあまりにも西洋の価値観の影響を受けすぎていると思う。これがわれわれの伝統をさらにわかりにくくしている。そこで宗教としてはどのようにして韓国独自の価値を見いだして、その価値をプロモートしていけるか。あるいはアジアにも。これがやはり宗教者の役割だと思います。

ディスカッション

【山崎】杉野さんは過激主義の要因として三つ挙げられました。イデオロギー、経済・社会的要因、そして心理的要因。これはだいたいの順番なのでしょうか。

【杉野】過激主義については9・11のあった2001年以前、1993年に最初のワールドトレードセンターへの攻撃がありました。そのあたりからさまざまな機関で暴力的過激主義の要因、ドライバーという表現をするのですが、どういうものが暴力的過激主義に行くのかを調べたところ、いろんなカテゴリーが指摘されました。順序が付けられているわけではありませんが、この三つがそろった時に政治的な要因というのも出てくる。先ほどのシャムスディーンさんからグローバルな不正義の問題が提起されました。二枚舌外交、これは特に米国に対して使われますが、そうした国際的な政治情勢、あるいはグローバルな不正義が政治的要因として語られる場合がある。あるいは文化的要因が加わることもある。政治的、文化的、宗教的、そして社会・経済的、そして心理的といったさまざまな要因でカテゴリーがつくられる場合がある。上下関係というよりもそういうものが複雑にからみあって一人の人間を過激主義に向かわせるということが言えます。

【シャムスディーン】あと一つの要因を追加したい。寺島さんから非常に包括的、歴史的な側面をお話し頂き、宗教界、特にイスラームとキリスト教の関係を話された。このキリスト教とイスラームとの長い間のライバル関係は、アブラハムを根源としたユダヤ教からもたらされているわけですけれども、ただ十字軍の時代でもこれがトラウマとなってお互いに対立している。そして植民地時代、西洋のキリスト教社会がイスラーム社会を植民地化した。その後の時代も互いの関係は相似的な文化となっています。つまり上下関係がはっきりしてきた。しかし現代は、政治・経済・文化においても過激主義がでてきて、インモラル（不道徳）だとみられている。イスラームの中でも一部の人たちが、忍耐強くない。すぐに対抗してしまう。政治についても、経済についても理解が深くないのですぐに反応してしまう。これがイスラーム社会で起こっている現状です。さらに9・11後、米国の最大の過ちというのは、テロとイスラームをつなげたこと。そしてすべてのムスリムが悪いと外国のマスコミに対して言い放ったこと。そのため、攻撃と反応という一連の連鎖を起こしてしまったということです。

【山崎】イラクにおける強要された民主化ということを指摘されていましたが、もう少し説明をお願いします。

【シャムスディーン】私の理解では、非常に強い民主化がイスラーム世界に対して行われている。

その中で、エジプトなどでアラブの春が起こった。エジプトでは、民主的に選出されて新大統領が誕生しましたが、社会からは大きな反対があり、軍事クーデターが起こりました。アフガニスタンでは石油・ガス、イラクは世界最大級の産油国ですので、利権が絡まっているところもあり、現在は代理戦争というシナリオがある。シーア派国とスンニ派国のサウジアラビアとの間の争いは代理戦争であり、非常に危険なシナリオです。これに宗教的な対応としてのカウンター・ナラティヴだけでは難しい。政治家をはじめあらゆるステークホルダー（利害関係者）、各国政府が関わっていかなければならない。みな共同の連帯責任を負っていると思います。

もう一つ興味をもっているのは紛争解決の前から考えていることですが、やはり排斥された人たちを巻き込んで行かなければならない。そういう人たちも対話に巻き込んでいくことです。現在はわれわれのような穏健派が対応していますが、ただ穏健派が外に出ると問題が発生するケースもある。対話に入っていない人たちも巻き込んでいき、テーブルについて対話を始める必要がありますが、極右の過激派だけではなく、真ん中にあるグレーエリアの人たちとも真の対話を始めるべきでしょう。うわべの言葉だけの対話ではなく真の対話。さきほどのタイの事例がありました。誠実に、オープンに問題解決していくことです。タイのケースでは、遷化された国王や首相と会い、権力を使うべきではない、むしろソフトパワーによるべきだと申し上げた。私の組織も奨学金を350人のタイの若いムスリムに提供した。そしてムハマディヤ大学で、イスラームを学ぶのではなく、農業や経営、医学などを勉強してもらっている。こういった方法で紛争解決はできると思うのです。

【山崎】フロアからの質問をお受けしたいと思いますが、その前にＣＣＲＰ（中国宗教者和平委員会）のチャオ・ミンさんからコメントをいただけるとのことです。お願いします。

【ミン】ありがとうございます。素晴らしい来賓の前で発言の機会をいただきうれしく思います。ＡＣＲＰ40周年お祝いを申し上げます。今回のテーマのもとさまざまな発言があり、感動しました。宗教は慈悲、思いやりを掲げますが、過激主義、テロリズムに名前を使われることがあります。宗教・信仰・暴力・過激主義、こうした状況を考えた時に、ＡＣＲＰがこのようなシンポジウムを開かれたことは非常に意義深い。暴力と過激主義は絶対悪であります。宗教間の対話と調和は重要です。プラスのエネルギーを糾合していく必要があります。宗教間の統一と協調、われわれとしてもさまざまな活動に取り組み、協調的な関係を保っています。例えばセミナー開催。人生観について、過激主義のトピックをとりあげたセミナーも開いています。ＣＣＲＰでも海外交流を実施していきます。ＡＣＲＰの役割の一つでもあります。ＲｆＰ国際委員会、その他の組織とも連携し、数多くの皆さんと相互理解、友情の推進のため、多様な文化との対話推進に努めております。

地球規模と地域の課題に取り組む

【山崎】大変力強いメッセージ、ありがとうございました。フロアディスカッションに入りたいと思います。

【ディープティ・ディワカー】ヒンズー教組織の代表としてまいりました。WCRP創設者の一人である、R・R・ディワカーの孫になります。そうした組織のシンポジウムに参加できてうれしく思います。さまざまな暴力的過激主義が横行するには、シャムスディーン先生がおっしゃったように多くの要因があります。あるいは人間がもっている色々なマイナス要因も理由の一つです。一方でプラスもあります。愛や慈悲などです。また地球を破壊する環境問題、水や食糧・資源など多くの問題が世界にはあり、宗教の役割として大きいものがあると思います。利己を乗りこえていく必要があります。こうした問題にすべての宗教は、利他の思いで取り組んでいると思います。私も祈りを捧げ一体化を願った青年時代の経験があります。いったいわれわれは世界の平和と調和のために何をなすべきかを考える必要があると思います。シャムスディーン先生がおっしゃったように物理的な暴力にとどまらず、排斥や言語などさまざまな暴力があります。私も長年米国に住んでいて、検証してきました。そのような経験のない方々に対応することもあります。インドでは暴力的過激主義に応答していくことが必要になっています。殺人や子どもたちへの教育機会の喪失といった問題があります。このような状況にどのようなご意見をお持ちでしょうか。私自身、平和のために非常に大きな一歩を40周年の機会に進んでいきたいと思います。

【山崎】シャムスディーンさんの名前が出ました。直接的、物理的な暴力だけでなく、排斥や言語といった偏見や差別の伴った間接的で見えにくい暴力もあるという指摘だと思います。

【シャムスディーン】ありがとうございます。私自身、比較的長い間、対話を実践し、平和構築の活動をしてきました。長い経験から、地域の問題も解決しなければいけないし、同時にグローバルな問題も解決しなければならないことが判ってきた。それがまさに根本原因なのです。物理的、身体的、言語的民族中心主義、政治的利害など、どういう背景があるにしろ根本原因はそこにあると思っています。グローバルレベルの問題であれば、グローバルレベルの不正義がある。これが解決されないと、最終的な問題も解決されないのではないかと考えています。同時にローカル・グローバルイシューと言いますが、地域かつ地球レベルの問題があります。グローバルレベルにおいては、変化ではなく変革する必要があると思います。これらの問題は政治や経済、文化などいろいろなところに派生している。世界のシステムは人間中心と考えられていますが、いわゆる世俗主義というのは、ここに生きているこの世だけしか考えない。それ以外の昇華したレベルの人生は考えない。いろいろな宗教があるけれども、この世の人生のあとの人生も考えないということなのです。時間の制限もありますが、われわれ宗教者はもっと世界を精神化しないといけない。国連も同様です。世俗的な人間を中心としたシステムに対して、もっと精神性を高める必要があると思います。それを実行するには長い時間がかかります。インター・アクション・カウンシル（いわゆるＯＢサミット）が政府首脳などの間に作られているのですが、そこから国連に提出しているのが、新しい普遍的な宣言です。それは人権だけでなく人間の責任をも包含した宣言になっています。「人間の責任」です。これが一点目です。

二点目は暴力的過激主義に対してですが、暴力と過激主義はセットになっています。非人間的で、どちらも宗教にルーツをもたないものであり、どちらも罪だと思います。本当の宗教、すなわち真のイスラーム、穏健なイスラーム、中道のイスラームというのがありますが、それは他の宗教にもあります。そこで私は国際的なピース・インターナショナルなどにも呼びかけてグローバルな神学、暴力に対する神学の会議を開催しました。倫理的な神学、かつてはグローバルエシックス（地球倫理）と言っていたけれども、「非暴力の宗教学」を考えることによって平和文化を構築していこうという活動を始めました。インドネシアにおいて草の根レベルで、平和、寛容、共存、宗教価値の共有を学校のころから教えていくこと。そのような平和の文化を学校でも教える必要があります。最後は、対話強化ですね。言葉で終わるのではなく行動につながる新しいアプローチ、あるいはパラダイムとしての行動による対話です。

例えば、インドネシアには、ムハマディヤ、カトリック、クリスチャンの三つの病院があります。ほかにもありますが、こういった施設の間の対話があれば、宗教コミュニティのなかの緊張に対して、なんらかの補完的な役割ができるのではないでしょうか。こういったことがありますよ、と示すことによって、人間の問題に宗教が協力して対処することができると思いました。

【山崎】ありがとうございます。会場からどうぞ。

【参加者1（一般）】ただいまのシャムスディーンさんのお話とも関連しますが、基調発題で寺島先生のご指摘が大事だろうと思うのです。その最後に強調されたのは資料1頁のキリスト教とイスラームの衝突、第一の衝突から第四の衝突までありますが、そこでイスラーム・ジハード主義の台頭から、グローバル・ジハードの様相と世界的な問題なんですけれども、WCRPに関して寺島先生が資料にある『世界』七月号に書いていらっしゃいます。一二二頁の要約には、「単純に『テロとの戦い』という言葉に共鳴して、一方の武力攻撃に肩入れして逆恨みを引き受ける愚に踏み込んではならない。宗教的多様性を重んじる日本がなすべきことは、常に宗教対立の外に立ち、『世界宗教者平和会議』などの宗教間対話の枠組みづくりに知恵を出し、主導することであろう。武力の解決ではない、第三の道があることを示すべきであろう」とあります。やはり日本やアジアの、中東の紛争、あるいはキリスト教とイスラームの対立とかそういうことに直接関係ない人たちのグループの立場から寺島さんが問題提起されたように第三の道があることを示すべきだろうと思います。ご意見をいただければと思います。

【山崎】寺島先生は、私は宗教者ではありませんと仰いましたが、いまお読み頂いたように宗教的です。私は「サンデーモーニング」を見ていますが、宗教的発言だなと思います。まさに私たちに問われていることです。

紛争当事者に第三者の視点を加える

【杉野】非常に重要な視点です。三つのことを申し上げたいと思います。一つは、国連に50年以上かかわっている、ある上級職員の発言です。日本の和の精神に関して仰いました。日本はほんとうに異質なものを受け入れる、和の精神を顕現できる国であるということに対して実は警鐘を鳴らしていました。レバノンは人口４００万人、そこに１００万人のシリア難民を受け入れている。シーア派、スンニ派、キリスト教の微妙なバランスをとっている中で、スンニ派中心のシリア難民が入ってきており、政治情勢も、社会情勢も不安定になっています。ですが、パレスチナ難民も少なくとも約50万人います。日本はほとんど難民を受け入れていません。インドシナ難民を先頭に立って受け入れた時代もありましたけれども、果たして現在の日本がイスラーム難民を受け入れる態勢があるのかどうかを、国連の上級職員の方が訊ねてきたわけです。

2点目は、今年5月、日本はこんなことができるのだということを私自身も体験したことです。スンニ派とシーア派の指導者が来日され、シャムスディーンさんも出席されて対話をしました。これは非常に難しいことなんですね。日本という国は外に行って、しかも外交的にも中立を保ってきた。日本に対する好感度が非常に高い。そうしたものを日本は失ってはならないと思います。日本の中立性、日本人の誠実性が中東地域の和解につながる可能性を秘めています。

3点目は、諸宗教対話は寺島先生も応援してくださいましたけれども、じつは世界的に急速に発展しています。1月に世界の宗教系ＮＧＯが集まってインドネシアで会合が持たれました。これは宗教系ＮＧＯからインドネシアの外務省、各国政府もからんで宗教協力に基づいた平和と開発、人道支援を進めていく姿勢が整ってきています。米国政府は国務省も、各国政府も宗教界との連携を深めています。そうした意味では対話からさらに進んで実際の行動を取ることによって暴力的過激主義の温床となる不寛容を乗りこえて、みんなが協力して共通課題に取り組むという体制が徐々に整ってきてもいるのです。

【山崎】日本の役割が提起されました。この件でほかにありますか。

【ユニャシット】外にいる立場からいろいろな視点を提供できると思います。衝突した当事者ではよく見えないことがあります。しかし第三者が入ることで、当事者の見えないところを指摘できると思います。例えば、私が学生に教えるとき、ここにオレンジがあってこれをどう分けますかと聞きます。半分にカットすることもできるし、ジュースにして飲むこともできる。皮をむいて房を数えて分ける方法もある。分け方は何十通りもあるでしょう。そこで大事なのは、第三者を巻き込むということなんです。第三者にオレンジを渡して分け方を考えてもらうのです。例えばオレンジの種をとって植えて育てる方法もありますよ、と教えることもできます。このように新しい見方、考え方を日本は提供できるのではないかと思います。

【シャムスディーン】私からも日本へ提案を申し上げたい。イスラーム世界で衝突が起こっています。内部の衝突もあります。それに対して日本は和解や調停する立場から活動ができると思います。というのは、日本はムスリムを含めて非常に友好的な国と見られています。例えば、日本の宗教団体の施設でイスラームに関する会議をしたことがあります。そうすればもっと戦略的アプローチがとれるかもしれません。日本の宗教界は調停者の役割を果たすことができると思います。

【参加者2（賛助会員）】寺島先生はじめ、ディスカッションを聞き、私たち宗教者の向かう道を教えて頂きました。もう一つ大事なことを教えて頂きました。人工知能という形が、人間は意識を持っているという大切なことを教えてもらった時に、これは大変なことではなかろうかと。科学が進み、宗教者として何を心がけるか。立正佼成会は、庭野日敬開祖さまが先祖を大切にして親孝行をしましょう、これが基本的な考え方で宗教団体を起こしたと教えて頂いております。20年前、ローマで世界宗教者平和会議があったときに、バチカンにおいてパウロ教皇様がおっしゃったこと。それはここに集った世界の宗教者に、ぜひそれぞれの国に戻って、一番して欲しいのは家族に平和の大切さを説いて欲しいと仰いました。またノーベル平和賞を受賞されたときマザー・テレサ先生が、最後にこう結ばれました。それは、〝もし、あなた方が世界平和の燃える光となったなら、そのときノーベル平和賞は初めて、本当の意味でノルウェーの人々からの贈り物になるでしょう〟と。そして、皆さま、家族を大事にしてくださいと仰いました。私たち日本人は農耕民族のままできました。基本的なあり方は、そこに永住して家族、民族を大切にする考え方だったわけですが、いまは人工知能というのができて科学が発達しているときに、人間がどう進んでいくかは、先祖や家族に愛をそそぐ、そのことではなかろうかと考えています。質問というより説明になって申し訳ありませんが、私たち宗教者はこのことをもう一度考えるべきではなかろうかと勉強させていただきました。

【山崎】ありがとうございました。ご参加いただいたご感想として拝聴させて頂きました。ここでまとめに入る時間になりました。

私たちが願う平和構築というのは、気の遠くなるような遠い、遠い道かも知れません。ここにお集まりの方々に申し上げることではないかも知れませんが、しかし、一歩を進めることがいかに大切なのかということをいつも考えております。それはわずかな力です。微力ですけれども、決して無力ではない。私はそんなことを考え、自ら宗教者としてさまざまな活動に参加しております。

とりわけいのちを抑圧する、いのちを押し込める、相手を認めない、いのちを抑圧するものはすべて、反宗教であり、反いのちとして、そういう芽がでたら敏感に摘んで行かなければならない。しかもいのちは人間のいのちだけではありません。動物、植物、あるいは土や水、太陽。きわめて東洋的だと言われるかもしれませんが、あらゆるもののいのちの尊さを、私のいのちを含めて申し上げたい。そういう意味では、究極的ないのちを抑圧するものは戦争でありましょうし、私の思いでは原子力発電を考えてみればみるほど、反いのちの究極にあるものではないかと個人的に考えております。しかも差別、貧困、飢餓、あるいは虐待、すべて反いのちの所産であると。宗教者である私たちは連帯してそのことに立ち向かっていくことが責務であると思います。それが宗教的実践と申し上げていいでしょう。行動ある対話という言葉もでましたけれども、そのことに尽きると思います。

最後になりますが、尊敬するマハトマ・ガンジーの言葉です。「人間は非暴力によってのみ暴力から脱出しなければならない。憎悪、憎しみは愛によってのみ克服される、憎悪に対する憎しみをもってすることは、ただ憎悪を深め、その憎しみの範囲を広げるだけである」。１９４６年７月のハリジャン紙に掲載されました。私は先ほどから出てまいります9・11の悲劇以後の世界の歴史を考えるとき、まさにこの言葉の重みを感じます。そのことの実践をしていかなければならないと考えています。

本日のシンポジウムには、諸先生方、遠いところから参加された皆さま、またスタッフの方々に、深く感謝致します。

閉会挨拶

杉谷義純

WCRP日本委員会理事長・天台宗宗機顧問

本日はACRP創設40周年の記念シンポジウムを開催いたしましたところ、このように盛大に、また大変中身の濃い行事となりましたことに、まずもってご参加の皆さまに厚く御礼申し上げます。山崎先生がおまとめいただいた言葉に尽きるわけですけれども、われわれACRP、それに所属する宗教者は今後、どういう方向性をもって進んでいったらいいか、そういう原動力を頂戴できたシンポジウムであったと思います。ACRP40年、一口に40年と言いますけれども、その間の世界の動きというものは大変なものがあり、特にグローバル化の勢いとそれぞれがもつ固有の文化とのあいだのバランス、これがなかなか取りにくい時代に突入してきました。その結果、今日のテーマとなった『いかに宗教の名を使った暴力的過激主義に応答するか？』という大変な問題に直面しているわけでございます。その中でもＷＣＲＰ（世界宗教者平和会議）がございますけれども、とくにアジアは、アジアとしての伝統と個性を持っています。それらを生かしながらアジアの中の問題をアジアの人が考えていく。これは大変重要な問題でありましょう。グローバル化に対してどのような選択をしていくかということが、アジアの平和につながっていくと思います。テロというとパリやベルギーでのテロは大きく報道されますけれども、犠牲者の数をみるとアジアが圧倒的に多い。そのような意味でもこの問題は世界の問題ではありますけれども、やはりアジアの私たちが考え、行動していかなければいけないことです。

最後になりますが、日本委員会についても、今後の方向性にご示唆を賜ったことにも感謝申し上げます。本日は、寺島先生はじめパネリストの諸先生、いろいろと力添えをいただいて素晴らしい会議になったことを厚く御礼を申し上げて閉会の挨拶に代えたいと思います。本日は誠にありがとうございます。

第2部

宗教協力の草創期と展開

ACRP 40年　歴史と役割を追う

WCRP 45年　第1回京都大会体験者に聞く

工藤信人

ACRP40年　歴史と役割を追う

アジア宗教者平和会議（ACRP）は、京都で開催された世界宗教者平和会議（WCRP）第1回大会の6年後に開催された。当時採択された宣言では「アジアはなべてなお危機的状況にあり…」と会議意図の一端を説明している。40年を迎えたACRPの歴史と役割をレポートする。

第2回WCRPルーベン大会での提案から

一昨年（2014）の韓国での第8回大会で採択された仁川宣言では、ACRPを次のように位置づけている。「ACRPは、人類の多様性を顕著あらしめる最も偉大な文化的・言語的・精神的遺産の多くを有するアジア太平洋地域を包合する。2014年1月1日現在、世界の総人口は71億3900万人に達し、その60%にあたる41億6600万人が中国とインドを筆頭にアジアに住んでいる。世界経済の生産高の半数近くをアジア太平洋地域が担っている。それゆえ、平和と発展はアジアのみならず、世界全体にとってきわめて重要な課題である」

広範な地域に多くの人口と資源を有し、宗教的にも様々な信仰が息づき、多様な文化が花開いている。しかし順風満帆の歴史ではない。ベトナム戦争やカンボジア内戦、難民発生といった歴史が

2014年８月に行われた第８回ACRP大会ではアジアの多様性が改めて指摘された

あり、貧困や差別、不平等といった問題も横たわっている。近年はテロが頻発し、邦人が犠牲になったバングラデシュ事件は記憶に新しい。

１９７０年のＷＣＲＰ（世界宗教者平和会議）京都大会後、アジアで宗教者会議はどのように模索され、結実していったのか。ＷＣＲＰ日本委員会初代理事長の庭野日敬（立正佼成会会長、１９０６―99）は、「ＡＣＲＰＩのそもそもの発端は、１９７４年にルーベンでＷＣＲＰⅡが開かれた時に、〝西洋中心ではなく、アジア人によるアジア的な会議を持とうではないか〟といった提案がされたのが始まりであったと記憶しております」（機関紙『ＷＣＲＰ』（１９８１年10月20日）と端的に述べている。

ベルギーのルーベンで行われた第２回大会は「宗教と人間生活の質―地球的課題に対する宗教者の応答」をテーマとした。大会では、戦争や貧困、人権、開発など様々な問題が、アジアに集中していることがいっそう明らかになり、アジア会議の必要性が認識されるようになったと言われる。

この会議に参加した一人がフランスに亡命を余儀なくされていたベトナム人僧侶ティク・ナットハン（１９２６―）である。４年前の京都大会ではベトナム戦争の惨状を報告し、一躍〝時の人〟となった。ＡＣＲＰ開催にはティク・ナット・ハンの働きかけがあった。その経緯をＷＣＲＰ創設メンバーの一人である中山理々（日本仏教鑽仰会理事長、１８９５―１９８１）が「仏教タイムス」紙上で詳しく綴っている。

「二年前、ベルギーのルーベンで開かれた第二回世界宗教者会議では、ベトナム戦争で故国を追われた仏教僧で愛国詩人の若いティク・ナット・ハン師が、仏教グループの集まりで副座長としてアジアの仏教者の平和会議を開くことを熱心に提案した。ベトナムは前年の一九七三年のパリ和平協定後も十万人の犠牲者を出したといわれ、ハン師の提案を私は座長として庭野日敬会長はじめ各国仏教各位に計って承認して頂いたのであった。／それが実って仏教者だけでなく、諸宗教によびかけて今回のアジア宗教者平和会議に発展したのである。即ち世界宗教者平和会議の中の地域会議であった」（「仏教タイムス」１９７７年１月５日）

ティク・ナット・ハンの存在はＷＣＲＰにとっても力強い存在だったはずである。何よりも世界から注目されていたため、発信力を持っていた。ただ、独断専行的な側面があったため、後にＷＣＲＰとは距離を置くことになる（この件は次回以降で言及する）。

扇の要　第1回ACRPシンガポール大会

シンガポール大会は「宗教による平和―平和への途上で、アジアは省察し、提案し、行動する」をテーマに1976年11月に行われた。諸宗教会議初参加となる天台座主の山田恵諦（1895―1994）は基調講演者の一人。その締めくくりの前でこう話した。「伝教大師最澄は『一目の羅は鳥を得ること能わず、一両の宗、何ぞあまねく汲むに足らん』といっております。世界の人々が、それぞれの個性を持つと同時に、民族それぞれがまた民族意識をもっております。宗教は、その個や意識に適合したものでなくては効果がありません」

引用箇所は、一つ目の網では鳥を捕らえることができないように、一つの宗教ですべてを救いきることは困難である、という意味になろう。

天台座主山田恵諦は、講演を「同じ志を持つ仲間たちの集まりであるこの会合に加わらせて頂いたことに、深い感銘と喜びを表示して、私の話を終わらせて頂きます」と結んだ。このとき山田は81歳。11年後の昭和62（1987）年8月、比叡山開創1200年を慶讃して開かれた比叡山宗教サミット。主催団体である日本宗教代表者会議の名誉議長として、各国の宗教指導者を迎えた。

比叡山宗教サミットはシンガポール大会に参加した人たちによって支えられていた。WCRP創設メンバーである立正佼成会会長の庭野日敬や金光教泉尾教会教会長の三宅歳雄（1903―99）、松緑神道大和山教主の田澤康三郎（1914―97）らである。

いずれも山田より年齢は下だが、戦争を体験した世代である。日本の戦争とアジアは無関係ではない。庭野は「日本にとって隣人であるアジア各国の人々の心の奥には、かつてのいまわしい戦争の傷跡が、消えることなく残っているのだ。それを忘れてはならないのだった」「シンガポールは太平洋戦争の最初の激戦地だった」（『この道』）と述べている。

日本宗教者はいくつかの慰霊碑を訪れた。「シンガポール市内には、大戦中、日本軍によって虐殺された民間人六千人の霊を慰める殉難慰霊塔が空高くそびえている。『怨念の塔』と呼ばれ、日本の犯した過ちを象徴するものであり、その惨禍は今なお語り伝えられている。日本代表団は、その塔に献花し、犠牲者の霊を慰めると共に不戦の誓いを新たにした」（『世界宗教者平和会議30年史』）

大会前には、ＷＣＲＰ京都大会の成功もありアジア各国宗教者から日本に対しリーダーシップが求められた。しかし開催地の人々には日本人への不信の目があった。それに敏感だったのは戦争体験世代だった。参加した日本の宗教指導者にとってＷＣＲＰ京都大会、ルーベン大会とは違った緊張感があったと思われる。

シンガポール大会の講師の一人がインドのマザー・テレサ（1910―97）であった。当時、ＷＣＲＰ日本委員会事務次長の勝山恭男（1931―）はスタッフとして奔走していたが、マザー・テレサの祈りが忘れられないという。「ひたすら貧しい人々、悩み苦しむ人々のために尽くしてきたマザー・テレサの講演では『平和に銃はいらない。人は全て愛し愛されるために生まれてきたのです』および『主よ、貧しさと飢えのうちに生きかつ死んでいく、世界中の私たちの同胞に仕えるために、私たちをふさわしいものにしてください』という祈りが、とりわけ参加者の大きな共感を呼びました」と振り返る。

庭野も「私がいちばん心を打たれたのは、マザーテレサの奉仕が、自分が余分に持っているものを与えるのではなく、『ないものを与える』奉仕であるのを教えられたことだった。自分にないものを人に与えるのには、それをつくりだす努力をしなければならない」（『この道』）と感想を綴っている。

よく知られているように、ＡＣＲＰ大会期間中、シンガポール港に漂着したボートピープル（ベトナム難民）が緊急課題になった。この件については後述する。

それ以外でも国際的な関心事が提起された。その一つがインド洋の非核化であった。インドは１９７４年５月、地下核実験を行った。アジアでは中国に続く核保有国となった。大会に出席した仏教学者（東洋大学教授）の金岡秀友（１９２７—２００９）はインドに対し「強く禁止と反省」を求めた（「仏教タイムス」１９７７年１月５日号に寄稿）。だが反省や懺悔の言葉はなく、反駁ばかりであったと嘆く。「曰く、インドは、電力は極端に不足であり、原子力なくしては農村に電気さえもつけることができない」といったものだった。

一方で、インド洋の島に米ソの核基地があることを憂慮する意見も出されていた。日本側の主張もあって、採択されたシンガポール宣言には「世界平和のために、われわれはインド洋地域が非核平和地域たるべきことを主張し、超大国の対立がこの地域に新しい危険を持ち込むことのないようにしたいと願う」の一文が盛り込まれている。

その後の宗教協力の歩みを俯瞰すると、ネットワークや実践面においてシンガポール大会は扇の要に値する大会であった。

ＷＣＲＰと共同で難民救済

シンガポール大会中、ボートピープル（ベトナム難民）がシンガポールに漂着した。会議の中でも取りあげられ数人が港に視察に出かけた。宗教者としての救済が迫られることになった。

大会前年の１９７５年4月、南ベトナム政権が崩壊してベトナム戦争が終結。以降、難民が大量発生し、その一部は船で日本にも到着した。しかし国内の関心はそれほど高くはなかったが、日本政府はその後、インドシナ難民を受け入れ、定住化を進めた。日本の宗教関係ではカトリックのカリタスジャパン、立正佼成会、天理教などが難民を受け入れた。

大会最終日、「インドシナ難民救済」決議が採択された。決議の翌日（１９７６年12月1日）、同地でＷＣＲＰ国際委員会が開かれ、喫緊の難民対策を話し合った。現地の国連難民高等弁務官事務所（ＵＮＨＣＲ）などとも協議した。最大の懸案は、難民を乗せる大型船２隻の費用であった。12万ドル（約３６００万円）が必要とされた。２日目の会議で日本が半分の６万ドルの負担を申し

シンガポール大会期間中、日本代表団は第2次大戦犠牲者が眠るクランジ戦没者記念碑を訪れ、祈りを捧げた（日本委員会『WCRP 20周年記念写真集』）

出た。するとアメリカやカナダなどの委員会が続いた。

この活動を推進するため、ACRPと国際委員会が提携。当時を知る日本委員会事務次長の勝山恭男は、「難民がシンガポールに漂着した時、シンガポール政府は入国を認めませんでした。難民救援は政治的に極めて複雑な問題でした。シンガポール大会では人道的援助として難民救援を決議しました。WCRPとACRPの共同事業として取り組むことになりましたが、このことは両者が会議だけの集団でなく、具体的実践を目指す宗教者の平和運動であることを明確に示すものです」と意義付ける。

こうして設置されたのが「WCRP／ACRPインドシナ難民救済委員会」であり、名称がそれを象徴している。委員長に学習院大学教授の飯坂良明（1926―2003）が就任し、ティク・ナット・ハン（１９２６―）が現地責任者となった。年が明けた１９７７年1月、ローランド号とリープダル号がチャーターされ、両船で５５５名が収容された。だが、それで解決したわけではない。ロ号はマレーシア海域に停泊し、難民たちは第三国にむけて断続的に下船していった。リ号はバンコクで難民を乗せてマレーシア沖に到着し、難民は手続きが済み次第、第三国へ向かった。すべての難民が下船したのは9月。歴史的な合同委員会を閉じたのは10月だった。

この間、ティク・ナット・ハンの行動が問題となった。委員長や会計担当と緊密な連絡を欠いたり、逸脱行動が目立ったのである。秘密主義的な面もあり、１９７７年2月18日、現地責任者を解任せざるを得なかった。当初の救済行動はマスメディアから高く評価されたわけでもなく、「世間からお叱り」（庭野日敬）を受けたという。だが1年後には「（シンガポール政府の役人から）宗教家でなけりゃできないことだというので、大変な歓迎を受けた」（同、機関紙『ＷＣＲＰ』１９８０年11月）と評価ががらりと変わったのだ。

この難民支援に関しては『インドシナ難民救済事業報告』（１９７７年11月）に詳しい。その中では「救援活動を通して学んだこと」の小見出しのもと、人道的配慮の優先、宗教者にとっては貴重な修練の機会となったこと、苦しみを共にすることの意義といった9項目を列挙している。

シンガポール大会時、ＡＣＲＰは常設組織ではなかった。大会から1年後の１９７７年11月、シンガポールで正式に誕生した。設立趣旨では冒頭で「アジアは、多くの宗教と文化が生まれ、そして栄えた地である」と掲げている。ＷＣＲＰ国際委員会との提携も謳っているが、アジア色を強く

上陸できず船内で生活するインドシナ難民（日本委員会『WCRP 20周年記念写真集』）

打ち出している。

現日本委員会理事長の杉谷義純（1942―、天台宗宗機顧問）は今日の状況を視野に入れながら、「ACRPはWCRPの他の地域組織からみても大きいし、広い。それにキリスト教を基盤とするヨーロッパとは違い、宗教や文化は多様で、独自性がある。それゆえ欧米主導ではなく、アジアの問題はアジアで、という考えが根強い。今もアジアに発展途上の国が多いことが、それを示している」と解説する。

アジアに特化していこうという意識が先人たちには強くあった。他方、金光教泉尾教会教会長の三宅歳雄は1988年の回想録で「アジアはアジアのためだけのアジアではない。アジアは世界人類の平和と安全のために、役立つのでなくてはならない」（『平和を生きる』）と喝破している。

ＷＣＲＰと並存する独立団体

１９７６年のシンガポール大会、第2回ニューデリー大会（１９８１）、第3回ソウル大会（１９８６）とＡＣＲＰ（アジア宗教者平和会議）の草創期を担った女性宗教者に山本杉（１９０２―95）がいる。元参院議員で医師。当時は全日本仏教婦人連盟理事長であった。

シンガポールとニューデリーでは婦人集会が開かれ、シンガポール大会では家族計画と核エネルギー問題に関する2つの決議がなされた。家族計画の中では「堕胎を容認しない家族計画案を支持する」としている。ところがニューデリー大会では、同趣旨の決議ができなかった。「我々宗教に関心ある婦人は、妊娠中絶が悪であることを認め、家族計画上他の方法を支持する声明を行うべきだとする日本の提案についてかなり議論した。しかし、今なお何百万人もの婦人が、特に貧困な発展途上国において性的、経済的に圧迫されていること、さらに人口過剰問題等を考慮する時、妊娠中絶は、悪の程度が低いと感じられ、婦人部会はこの提案を支持ないし承認することはできなかった」と山本は無念さを報告している（『ＷＣＲＰ日本委員会婦人部会20年の歩み』）。医師・女性の視点がここにある。

当時、山本の秘書役として一緒に行動してきた元全日本仏教婦人連盟事務局長の林恵智子（１９３３―）は根強い女性差別を感じたという。

こうした活動によってＡＣＲＰ大会では婦人（女性）会議が継続して持たれるようになった。林は婦人部会に籍を置き活動をサポート。「日本の婦人部会はカンボジア難民支援を行い、里親運動に取り組みました。１期１３０人分の資金をソン・サン首相に手渡すこともできました。里親の後は学校建設、それから絵本を送る運動でした。ただＡＣＲＰ大会では、それぞれの国がどのような活動をしたのかという検証がありません」

何をしたかという活動報告が大会では必ずしもなされていなかった。出席者を俯瞰すると、日本は宗教者が主流なのに対し、海外の場合、宗教者もいるが大学教授など研究者が少なくない。その違いが国際大会で表れる。しかし宗教者だからこそ、と林は力を込めて提言する。「経済が発展し、平和な世の中になると一般の人は個人主義に走り、社会への関心がなくなっていきます。しかし宗教者ならば続けられるはずです」。世の流れに左右されない信念が宗教者にはあるという思いからである。

さてＡＣＲＰは当初からＷＣＲＰ（国際事務局）とは微妙な距離感があった。ＡＣＲＰ事務次長だった学習院大学教授の飯坂良明は昭和55年（１９８０）５月号の機関紙で次のように論じている。「ＡＣＲＰ委員会や事務当局の理解によれば、ＡＣＲＰはＷＣＲＰの単なる地域的な下部組織ではなくＷＣＲＰと並存する一個の独立団体であり、したがってＷＣＲＰと緊密に協力しつつ仕事を進めることはあっても、ＷＣＲＰないしその事務局から直接指揮命令されることはないということであった」

この少し前にＡＣＲＰのユネスコへの登録問題があった。そのため「組織間の関係問題が再燃」したのだ。今日の状況はそうはなっていない。シンガポール大会直後に発足した「ＷＣＲＰ／ＡＣＲＰ難民救済委員会」の委員長を務めた飯坂だからこそ、ＡＣＲＰには独自性と行動力があると考えたのだろう。

ところで、飯坂の重要な功績に宗教協力の理論化の試みがある。「『宗教協力』の『協力』について述べると、宗教間の『対決→対話→協力』という図式のもとに、『対話』と『協力』を区別する場合があるが、その場合には、『対話』は理論面、『協力』は実践面という理解に立っている。また、『対話』に類似したものに『出会い』があるが、これは人格的関係の側面を強調するものとして用いられる」（「平和の中の宗教協力」『平和の課題と宗教』佼成出版社、１９９２）

庭野日敬は宗教協力を「出会い」「啓発」「実践」と端的に示した。飯坂論はそれを掘り下げたといえよう。後年さらに術語化を進め、飯坂は「霊性レベル（宗教的次元）」「倫理レベル（人間次元）」「救済レベル（行動次元）」の３つのレベルで表現した（「仏教タイムス」１９９９年10月14日）。

今日の宗教協力もまた、理論の認識の有無にかかわらず、この線上で活動がなされているはずである。

話を戻すと、日本委員会は活動面で他国の委員会より先んじ、難民や人権ではアジアに軸足を置いた活動が多くみられた。ちなみ公益財団法人以前の日本委員会には、人権、難民、開発・環境、非武装・和解の４活動部会があった。

アジアと世界へ虹のかけ橋に

日本委員会は当初から宗教協力に基づいた活動をしてきた。ただ他国委員会は必ずしもそうではなかった。日本委員会理事長の杉谷義純は「以前は、ＡＣＲＰの活動というと日本が目立った。それは加盟国の国内組織の事情による。いまはかなり充実してきた」と解説する。

ＡＣＲＰ大会は５～６年おきに開催されてきたが、西暦２０００年代以降をみると、第６回「アジアの和解と協力」（02年、インドネシア）、第７回「アジアにおける平和の創造」（08年、フィリピン）、第８回「アジアの多様性における一致と調和」（14年、韓国・仁川）と３回開かれた。ここに共通点がある。開催国は民族・宗教的あるいは政治的対立を抱えていた。インドネシアは当時、東ティモールの独立問題に直面していた。インドネシアは世界最大のイスラーム人口を擁するが、東ティモールの９割以上はカトリックである（東ティモールは独立）。フィリピンにはミンダナオ紛争があった。現在は和平へのプロセスを歩んでいる。韓国は北朝鮮

宗教協力の理論的支柱でもあった飯坂良明氏（元 ACRP 事務総長）

との分断という問題が横たわっており、大会でも特別部会が設けられ、朝鮮半島平和宣言では南北とも条件なしの対話を要請している。

それぞれの時代にACRPが対応し、活動してきたようにも見えるが、そう簡単なものでもない。WCRP（RfP）国際委員会が主導したケースもあり、「アジアの問題はアジアで」というわけには行かなくなってきた。

一昨年の人事で日本人として飯坂良明に次いで2人目のACRP事務総長となった畠山友利（1949―）は言う。「アジアという地域で考えることは確かに重要です。しかしグローバル・イシュー（地球的課題）の観点から考えると人口、環境、エネルギー、難民、テロなど地域限定では解決できない問題が現実にある。特に9・11以降、世界観が変わり、より顕著になってきた。遡れば、東西冷戦構造が崩れてから、世界的な視野に立って足元の地域をみていく責務があるのではと思っている」

地球環境を考える際に「シンク・グローバリー、アクト・ローカリー」（地球規模で考え、足元〈地域〉で行動）が用いられるが、それだけに留まらないという指摘である。

畠山は、実務議長のディン・シャムスディーン（1958―、インドネシア）らと共に、次回大会までの5年にわたる行動指向型の「行動計画」を作成し、発表した。「展望」「使命」「行動指針」を掲げ、①平和推進への取り組み、②紛争解決と和解への取り組み、③パートナーシップの構築④記念行事の実施（ACRP40周年）⑤組織とその持続性の強化――が具体的な「行動計画」となる。

畠山によると、インドネシアのイスラーム指導者であるシャムスディーンの考えも反映されている。「彼は、国際委員会の執行委員であると同時にACRP実務議長。国際委が世界的に考えている問題と、地域としてのアジアという二つを同時に見ている。特に強調しているのは、宗教の名を騙る暴力的過激主義に対して、みんなが結束してノーと言っていこうと訴えていること」と代弁する。

イスラームを騙った相次ぐ国際テロや「IS」（イスラム国）の台頭は、中東や西欧にとどまらずインドネシアを含むアジアにも飛び火した。大量発生した難民問題は周知の如く世界的な課題となっている。世界とアジアは不可分の関係であり、宗教者にもそうした視点と対応が迫られる。

一方で畠山はACRPに関し、「いろんな人と出会った感触ですが、昔を知る人たちは日本委員会、庭野（日敬）先生、三宅（歳雄）先生らが努力してくれたおかげで、まとまりができたのだから、日本は大いにリーダーシップを発揮してもらいたいという思いを持っている。それは日本が想像する以上に強い」と語る。

現在、ACRPには21カ国が加盟。総じて日本への期待は大きいという。ACRP事務総長の立場から日本には何を求めるのか。「形としては日本委・国際委・ACRP三者が常に連携しあう中で活動している。みんなでRfPファミリーを構築していきましょうということです。そのリーダーシップが日本に期待されていると思います」

1975年に発表されたアジア宗教者平和会議の趣意には「アジアは虹に似ている。そこには多様な色彩の配列がある」と表現されている。今、40年を経て世界をつなぐ虹のかけ橋としてのACRPの役割が重きをなそうとしている。

グローバル化の中、調和と精神性はアジアの特性

10月26日、京都市内でACRP（アジア宗教者平和会議）の40周年シンポジウムが開かれた。終了後、RfP国際委員会副事務総長の杉野恭一氏、ACRP実務議長のディン・シャムスディーン氏（インドネシア）、副実務議長のデズモンド・カーヒル氏（オーストラリアRMIT大学教授）、WCRP日本委員会理事長の杉谷義純氏が臨席して記者会見が開かれた。

40周年シンポは「いかに宗教の名を使った暴力的過激主義に応答するか？」をテーマに行われた。中東を席巻する「IS」の存在が国際的な関心事であり、まさにイスラームの名を使った殺人が横行している。シンポでの討論を含め、9・11米国同時多発テロ以降、中東やアジアを越えたテロや事件が相次いでいる。地球環境の問題は一国や地域だけでは解決できない。

すなわちグローバル化する問題群のなかで、ACRPがアジアに主眼を置く特性はどこにあるのか。

シャムスディーン氏はアジアで生まれたヒンズー、仏教、道教を挙げて「これらの宗教は調和（ハーモニー）を強調している。調和というのは人間と神の調和、人間と宇宙との調和など。この調和を

特徴とする宗教が生れた地域であるということが重要だ。世界の平和作りにこの調和という観点から貢献できると考えている」と話した。アジアの宗教が有している調和こそが諸問題解決への糸口であり、そこに特色があるという。

異文化交流の研究者でもあるカーヒル氏は、ヨーロッパとアジアの文化に接してきた中で「アジアの人々と話をして感じるのは、アジアは精神性を持っていること。残念ながら、西洋では世俗主義が蔓延しており、それが失われつつある」とシャムスディーン氏の発言を補完した。

杉野氏はＲｆＰ国際委員会の立場から「地域委員会として最初に発足したのがＡＣＲＰ。続いてアフリカ、中東、ラテンアメリカへと地域委員会が広がった」と説明しアジアが先んじたことを重視した。さらに先般、28カ国が参加してアフリカに諸宗教評議会（ＲｆＰに加盟）が結成されたことを報告。「アジアの取り組みが全世界の組織に影響を与え、各地域委員会が出来上がっているのはアジアの貢献」と評価した。

杉谷氏は「世界では、政治制度や経済制度において欧米が一つの判断基準になり、それを見習うことで経済発展が遂げられたというような認識がある。それは本当にそうなのか。最高に進んだものを欧米が背負って地球全体をリードしているのか。そういうことに対して、本当の人間らしさ、人間として求むべきところはどこなのか。そうしたアジアの文化的な基盤から見直し、時にはブレーキ、時にはアクセルを踏む場面もあると思うが、そういう基準をアジアはもっているのではないか。今後の人類の行く末に希望を見出すという意味合いでもアジアの文化は重要性を持つ」と語った。

総じて宗教の多様性や調和、精神性にアジアの特性を見ている。直面する諸課題はグローバル化しているが、アジアの思考や精神性は十分にそれらに応答しうるとの認識である。

今回のシンポを踏まえてACRP40周年の成果と課題について尋ねられた実務議長のシャムスディーン氏は、「暴力的過激主義に対応することは、平和を推進するための非常に長い道中にある課題の一つ。まさに始まったばかりだと40周年にあたり感じている」と話した。40年の積み重ねは新たなスタートでもある。

さらに「アジアは新しい時代に入ってきた。まさに成長の地域、未来の地域。世界の経済が太平洋に動いていると思う。そういう時に、我々が結集してあらゆる種類の暴力を解決していく必要がある」とシャムスディーン氏。ACRPにはオーストラリアやニュージーランドが加盟。現ACRP執行部が策定した「行動計画」の中でも「アジアと太平洋地域の宗教コミュニティーは平和に向けた効果的な協力を行う」とあるように、ACRPは太平洋一帯を網羅する。

今回のシンポの冒頭で挨拶した日本委の庭野日鑛会長はこう述べた。「新たな発想を基にした創造的な展開を目指すには人材育成を通して世代交代が不可欠です。次の時代のACRPを担う人材を育て支えていくことに力を注いでまいりたいものであります」

ACRPに限らないが、日本委においても人材育成は課題である。

（敬称略、肩書きは当時）

（仏教タイムス２０１６年９月29日号から６回連載。一部、加筆、修正した）

ＷＣＲＰ45年　第1回京都大会体験者に聞く

45年前の昭和45年（１９７０）10月16～21日、国立京都国際会館で世界宗教者平和会議（ＷＣＲＰ京都大会）が開かれた。10大宗教から39カ国３００人が京都に集った。カトリックのカマラ大司教は「奇跡」と表現した。宗教協力、宗教間対話の本格化となった、この大会の体験者たちに当時の様子やその後の歩みなどを聞いた。

カーター米大統領発言が難民問題への契機に

山田能裕氏

天台宗比叡山延暦寺一山瑞応院住職

天台宗の山田能裕氏（1931―）は世界宗教者平和会議（WCRP第一回京都大会）の開会式が行われた昭和45年10月16日、『比叡山時報』の記者として会場にいた。「凄い会議が開かれると聞いてはいたが、われわれは行けないだろうなと思っていた。それが取材ならOKだということで、出席する社会部長に同行して取材した」。当時39歳であった。

会場を見回した。あることが気になって関係者に聞くと「スタッフのほとんどは佼成会の人ですよ」と返ってきた。「大名、人を抱えるというのはこのことかと思いましたね。（壇上の）庭野さんを遠くに見ながら、立正佼成会に対する認識が変わった。同時に仏教界はうかうかしてられんぞという気持ちを持たされた」

3年後、WCRP日本委員会に青年部会が発足。初代幹事長は三宅美智雄氏（金光教常磐台教会長）。比叡山を代表して山田氏が参加した。以後、山田氏は青年部会、難民委員会等で活躍する。難民・避難民支援のため内戦のカンボジア、緊張感漂うアフガニスタンなど危険な地域に何度も足を運んだ。

ある日、東京・普門館で行われた会議の後、成田山新勝寺の知人と話し込んでいた。そこに庭野氏（1906―99、当時は日本委員会委員長）がやってきた。「時間あるかね」と声をかけられ二人は近くの寿司屋に誘われた。庭野氏は過去を話し出した。以下は山田氏が耳にした庭野氏の発言である（大意）。

――自分は教団を作り、初めて信者を連れて身延山に行った。しかし、けんもほろろだった。私はいいが、私を信じて付いてきている信者に申し訳ないと思った。成田山にも行ったけれども、状況は同じだった。これが仏教界かと思った。

それで何を話したらいいのか、共通の話題は何かを考えた。平和について反対する人はいないだろうから、平和について話し合う機会があれば各宗派の対立はなくなるのではないか。新宗連は私が理事長をしているからいいが、問題は神社界と仏教界。それでまずお伊勢さん（伊勢神宮）に行った。すると大宮司が、それは良いことだと賛同された。ほかで受けた対応と全然違った。気持ちよく話を聞いてくれた。仏教界の権威の中心は比叡山。山に上がる途中、口の中がカラカラだった。ところが、それは良いことだ、やりなさいと。しかも比叡山を好きに使って良いとの言葉までいただいた。肩の荷がスーッと降りた。

権威というのは周りがつけるのであって、権威のあるところこそ、権威を振りかざさないことに気づいた——

国際的な宗教会議の実現に向けて国内教団を行脚した庭野氏の行動はよく知られているが、教団草創期の体験が源流にあったことをうかがわせるものである。

山田氏にとって忘れられない世界大会がある。１９７９年の第３回プリンストン大会である。ホワイトハウスに招かれた参加者たちは、カーター大統領と面談する機会に恵まれた。大統領と僧衣姿の山田氏。「あなたは仏教僧侶か」「そうだ」「いまカンボジアが大変なのは知っているか」「えっ！」「難民が発生し、苦しんでいる。同じ仏教徒として救済に取り組んで欲しい」

宿舎に戻りあわてて夕刊を見ても、移動したボストンでも何も載っていない。帰国してから数日後、記事をみつけた。「大統領の言葉から新聞で確認するまで2週間ほどかかった」と山田氏。経緯を庭野理事長に伝え、日本委員会事務局が現地調査に着手した。

会議で普門館にいた山田氏はたまたま庭野氏と出会った。「若いのに何しているんだ、年寄りがカンボジアに行ってもしょうがないんだからと叱られました。予算がありませんと反論したら、予算というのは作るもんだと言われ、現地に飛びました」

山田氏は機会あるごとに庭野氏に相談した。師父山田恵諦座主（1895−1994）と庭野氏が親しかったこともあってか、「佼成会の信者さんよりも、おそらく私が一番庭野先生に叱られたのではないか。電話で叱られ、入院される直前に叱られたことがありました」と苦笑する。

84歳の山田氏は「WCRPのおかげでいろいろな人と出会い、自分の世界が広がった。それは間違いない」と感謝。若い世代には、「ノーベル賞を受賞した大村智先生の足跡が示すように、日本だけがいい思いをするのではなくて、多くの人をリードし同じレベルにもっていくよう努力すること。セクト主義、宗我から離れ、主体性を持ちながら協力し合い、良いところをお互いに伸ばしあっていって欲しい」と期待する。

一元化した米印日の宗教協力運動

勝山恭男氏
元WCRP日本委員会事務次長、立正佼成会

WCRP第一回京都大会の『会議記録』がある。編集後記に「この会議記録が単に過去の記録としてではなく、我々のこれからの原点としての役割を担ってくれることを疑わない」と記しているのが、WCRP日本委員会事務次長だった勝山恭男氏（1931―）である。大会当時は39歳。経緯を知る数少ない人物である。大会前を概観してみよう。

「まず米国での動きがあります。1960年代ですからベトナム戦争が泥沼化し、一方でマーティン・キング牧師らの公民権運動が盛んな時代です。特に熱心だったのが事務総長になられたホーマー・ジャック博士とディナ・グリーリー博士（ともにユニテリアン）。彼らには宗教者として第2次世界大戦を止められなかったことや原爆投下に対する深い反省があったのです」

米国だけではない、インドにも一つの運動があった。「インドにはガンジーの非暴力主義の継者のR・R・ディワカーさんの流れ。ディワカーさんはガンジーに師事しインド独立運動に身を投じたほど芯が入っている」

ジャック、グリーリー両氏たちが1968年1月に開かれたインドのガンジー生誕100年記念・国際諸宗教平和シンポジウムに参加。これに日本から中山理々氏（全日本仏教会国際局長、1895―1981）が出席した。米国宗教者が帰路、日本に立ち寄り平和のための日米諸宗教者会議が開かれることになった。

同年1月22日の同会議の結果、公式声明の一つに「1969年後半または1970年前半に世界宗教者平和会議を開催することについて、我々は時宜に適したものと認める」とある。世界大会開催が固まった。

すなわち京都大会に到るには、宗教者の第2次世界大戦への反省、東西冷戦や現実の社会問題への危機意識を背景に、とりわけ米国のベトナム戦争や公民権運動、インドの非暴力主義、日本の諸宗教連携と被爆体験という3国の要素があった、というのが勝山氏の体験的理解である。もちろん、カトリック教会の大転換を図った第2バチカン公会議（1962～65）を無視することはできない。

大会テーマ「非武装・開発・人権」は国連の掲げるテーマと同じ。例えば非武装は、「軍縮の専門家であるジャック博士の軍拡競争に対する強い危機感」が反映されている。これに一工夫ほどこされた。「非武装は英語でディスアーマメント（disarmament）。軍縮とも訳せるのですが、軍縮はたんに軍備を縮小するという意味となる。けれども武器そのものを持たないという発想にならなければと日本語では非武装とした。これには庭野先生の意見もありました。絶対平和主義です」と振り返る。

そして迎えた開会式当日。「開会の鐘が鳴った時、これから世界の平和のために宗教は一つになってやっていくんだぞという気持ちになりましたね。あの鐘の音は忘れられません」。開幕を告げる鐘の音。ＷＣＲＰの諸行事の祈りの際にはこの時の録音が用いられたこともあった。勝山氏はまた「国や地域、宗教によって衣装が違う。ある新聞は〝ファッションショー〟と書きたてましたが、それだけ多様な世界があるということです。それを目で確認できた。ホッとしながらも、感激しましたね」と述懐する。

大会中、憲法９条をめぐって日本宗教者同士がやり合ったり、当初の計画にはなかったが問題の重大性から、急きょ非武装研究部会にベトナム小委員会を設置したりと予期せぬ展開も少なくなかった。

さらに次回大会に向けた行動も即座に始まった。当初は3年後にヨーロッパでという方針だった。「2回目は１９７４年ベルギーのルーベン大会ですが、スムーズに決まったわけではありません。庭野先生やジャック事務総長たちが奔走され、最初はドイツでの開催がほぼ決まり、大統領も乗り気でした。ところがミュンヘン五輪（1972）でのテロで、治安悪化が懸念されできなくなったのです。しかし教会と政治、宗教間の対立や争いの歴史を知っているヨーロッパの人たちはルーベン大会に本当に驚いていました」

シンガポールで開催された1976年のアジア宗教者平和会議（ACRP）第1回大会でのマザー・テレサ女史の講演も印象深かったという。「もっとも貧しい人たちのために尽くすのです。平和に銃はいらない。愛に飢えている人たちのために尽くすのだと言うわけです。感銘を与えました」。同地で問題となっていたボートピープルへの救済が素早くできたのは、この講演と無関係ではなかった。

84歳の勝山氏。宗教協力は自分自身を変えたと率直に語る。「宗教の本質的な意味を考える上でとても役に立ちました。法華経の教え、仏教の縁起観を強く感じました。異なる宗教の人たちと実際に話してみると、中味は同じなんです。信仰心の深さや行動にしばしば感動させられました。庭野開祖がよく言っていましたが、宗教の本義は一つなのだなと学びました」

「宗教協力の要（かなめ）は、自分自身の宗教に徹することだろうと思う。仏教徒は仏教に徹し、キリスト教徒ならばキリスト教に徹する。そうするとお互いに通底するものがあるのだと、しみじみ感じました」

思春期の強烈な光景「この道しかない」

三宅光雄氏
金光教泉尾教会教会長
世界宗教者平和会議（ＷＣＲＰ）日本委員会評議員

大阪・大正区の金光教泉尾教会は宗教協力において独自の地歩を築いている。主人公は、初代三宅歳雄教会長（１９０３―99）、２代目三宅龍雄教会長（１９２８―２００６）、そして３代目は現教会長の三宅光雄氏（１９５６―）。45年前の第１回ＷＣＲＰ京都大会に３代揃ったのは泉尾教会のみであろうから、それだけでも存在感は際立っている。

庭野日敬氏（立正佼成会）らと共に大会実現に奔走した歳雄教会長は、役員として壇上にあり、龍雄副教会長（当時）は事務局の運営部長として大会を支えた。当時中学３年生（14歳）だった光雄氏は、ボランティアとして赴いた。「中学生から見れば、ジャイナ教徒の口マスク、シーク教徒やユダヤ教保守派のヒゲの形、宗教装束など――見るもの聞くものすべてが新鮮で驚きの連続でした。会議の内容はまったく分からなかったけれども、同時に祖父の三宅歳雄が中心的な役割を果たしていたことを誇らしく思いました」

ところでＷＣＲＰの英語表記だが、現在は［World Conference of Religions for Peace］。海外では［Religions for Peace］（レリジョンズ・フォー・ピース）として定着しているが、ここに意外な経緯がある。「45年前の大会では父（龍雄氏）は［World Conference of Religions for Peace］としていた。ところが前置詞の用法にうるさいアメリカ人が［World Conference on Religions and Peace］と替えた。近年になって［Religions for Peace］としたけれども、もともと父が主張していた［Religions for Peace］に戻ったのです」。宗教と平和を並列するのではなく、平和構築への諸宗教の役割を強く認識していた龍雄氏の思いが、世紀を超えて世界に発信されたわけだ。

光雄氏は成長するに連れ、祖父に随行する機会が増えた。そうした中で忘れられないのが、シンガポールでのアジア宗教者平和会議（ＡＣＲＰ）第1回大会（１９７６）である。大学生だった。「天台座主の山田恵諦猊下が初めて参加された。山田座主が居られて庭野（日敬）先生が居られて、それぞれにお付きの方がいらっしゃる。三宅歳雄のお付きは私。毎朝3人が同じテーブルを囲んだ。その場で水を取りに行ったりするのが私の役目。それが大会中ずっと続いた。日本の宗教界を引っ張って行こうとされる3人は、巨人に見えましたね、本当に」。当時、山田恵諦座主81歳、三宅歳雄氏73歳、庭野日敬氏70歳。明治生まれの3人は晩年まで日本はもちろん、世界の宗教界をリードし続けた。

意外にも三宅氏はその頃からWCRP活動に参画していたわけではない。「青年部会に2回ほど行きました。けれども10代の大学生は自分だけ。他は一世代上の30代後半以上の人ばかり。何をしているのかもわからず、嫌になって行かなくなった。本当のことを言うと逃げた」と笑う。ただ祖父に随行していたため、WCRPの活動の核心は理解していた。

30歳になったある日、庭野日敬氏が泉尾教会を訪問。「挨拶にうかがうと、『WCRPで何をしているの?』と聞かれ、『何もやっていません』と正直に答えた。すると祖父が『青年部会があるじゃないか』と。庭野先生も『青年部会に入りなさい』。巨頭2人に言われたら、ハイと答えざるをえない。間もなく広島での会議に出席し、小谷田昌亮さん（後に第4代幹事長）に会い、そこから私のWCRPの歴史が始まりました」

1990年、WCRP20周年の一環で青年部会が平和キャンペーンを展開。大阪会場は泉尾教会。三宅氏は「WCRPに入ってないところを含めて50教団を集めた。分科会を設け、議論ができるようにした。これが実質的なスタート」。三宅氏は第5代幹事長を務め、93年の青年部会20周年を牽引した。

財団法人時代には常務理事、公益財団法人移行後は評議員と要職にある三宅氏。「中学の時、思春期に強烈な光景を見せられた。自分はこの道しかない、このお役に立ちたいという願いが、少年にあったと思う」と第1回大会が自分自身を方向付けたという。

一方で「いまだに宗我がある。かつては気力があって宗我もあった。今は、気力がなくて宗我がある」とやや厳しい評価。さらに「木を大きく育てるのは大事だが、同時に新しい芽が出てくるようにしないといけない。若い人はいっぱいいる。それにフタをしているのは私たちかも知れない。宗我を取るのは難しい。けれども出さないようにする。気力を取り戻し、宗我を抑えるような方向性を示すことができれば、若い人たちの道が開けていくと思っている」と自戒込めて口にした。

その上で、「金光教には『氏子あっての神、神あっての氏子』という『あってのある』という教えがある。あなたがあって私がある。先にあなたが存在しないと自分は存在し得ない。この発想に立てば、いろいろな協力関係を作り出すことができると思う」と提言する。

対話は相手を理解する場と学ぶ

飯降政彦氏
天理大学学長

天理大学は、天理教の海外布教師養成を目的とする天理外国語学校を前身とし、今年は創立90周年にあたる。

第1回WCRP京都大会には表統領（教団の代表役員）と本部員の2人が正式代表として参加。当時28歳だった飯降政彦学長（1942—）は通訳スタッフとして大会を支えた。「天理教は海外布教が盛んで、外国語の分かる人材が多いということで、代表のほか通訳もだしましょう」ということになった。

飯降氏は「あの当時、宗教が協力するとか、平和会議することについて正直違和感がありました。というのも宗教は、わが教えが一番正しいというところばかり。だからカトリックが第2バチカン公会議で大転換したことにびっくりした。宗教同士、話し合いができるのかなという印象がありました」と青年期の疑問を口にする。

期間中、教団施設の見学や交流が日程に組まれ、宇治の平等院視察に同行。「ヒンズー教の聖職者だと思いますが、いきなり池に入った。身を浄めるということで。色んな状況を見ましたが、大会や会議の内容は、ほとんど覚えてないのです」

大会2年前、飯降氏ら青年による天理大学・宗教民情調査隊が組織された。「イギリスのロンドンからヨーロッパをまわって、中近東を経てインドまで車で走った」。記録によれば、ユーラシア大陸29カ国、3万5千キロを巡回。それぞれの地で異なる宗教や民族、文化、言語等に接してきたはずだが、それでも京都大会は「異様な感じがした」と苦笑する。

飯降氏はその後、教団の役職・重席を歴任し、海外を含め他宗教との関係もできた。「宗教協力や宗教対話を直接的な布教の場とは心得ず、自分たちの発言が何らかの形で影響していくだろうという間接的布教の立場をとってこそ成り立つ。相手の意見を聞き、相手の立場を理解する。相手を貶めるようなことはしてはいけない」

さらに飯降氏は「宗教対話を本教が意識的にやってきたという感覚はあまりない」としながらも、1986年イタリアのアッシジで行われた「世界平和の祈りの集い」を継承する祈りの集いには何度か出席した。忘れられないのが09年ポーランドのクラクフでの平和の祈りである。同地は、ユダヤ人を収容したアウシュビッツ・ビルケナウ収容所に近い。「いろいろなテーマがあったのですが、私に振り向けられたのは信仰と科学だった」と回想し、こう続ける。

「科学は理性の部分を合理的に進める。1＋1＝2、2＋1＝3という世界で、物質文明の発展として形に表れてくる。しかし形に表れてくるものをどう使い、活用するのかは心の領域。思いやりの心、良心、あるいは功名心や金儲けの心かも知れないが、自分の心の状態によって、科学の活用を左右することになるのではなかろうか、という趣旨の発表をした。アウシュビッツのガス室でユダヤの人たちをいかに大量かつ短時間で殺せるか、というのはまさに科学の負の面。といって科学と宗教を対立的に捉えるのではなく、心の状態によって良い方にも、悪い方にもいくということ。そこに宗教の役割がある」

２００６年、再び京都で開かれた第８回ＷＣＲＰ世界大会の閉会セレモニー。ユダヤ教の代表が登壇すると、会場にいたイスラームの人たちが立ち上がり、非難する光景を飯降氏は目の当たりにした。「激論はあってもいいが、考え方の違いがはっきりするだけ。相手の宗教の存在を許すこと自体が、悪を認めることになりかねない。そうすると対話は難しいのかな…」と顔を曇らす。特に、9・11同時多発テロでブッシュ大統領が、対テロ戦争としてアフガニスタンやイラクに攻撃を始めて以降の世界情勢から、それを感じるという。

一方、天理教と天理大学は地道な対話を実践している。１９９８年にバチカンでのキリスト教との対話を皮切りに2002年には天理市で「教育・家族・宗教」をテーマに開催。ドイツのマールブルク大学で開かれた2007年の国際シンポジウムでは「祈り」について話し合った。どちらかと言えば学術的な交流である。「カトリック、プロテスタントとキリスト教とは対話を続けているけれども、ほかの宗教を避けているわけではない。仏教、イスラームなど他の宗教と交流できるようにしていきたい。まずは大学間の協定を結び学術交流から。そこから一歩、二歩と踏み込み対話を通して世界平和に貢献できればと思っています」

大学学長の顔に戻った飯降氏。天理教、天理大学から宗教対話のリーダーが誕生することが期待される。

平和憲法実践には相応の覚悟必要

西田多戈止氏
一燈園当番

「勝山（恭男）さんのところ（2回目）で、憲法9条をめぐって日本宗教者がやり合ったとあるでしょ。あれ、私です」。85歳になる一燈園の西田多戈止当番（1930—）は、そう切り出した。

「日本は平和憲法を持つ資格はないと思うと話した。平和憲法を持っていれば、侵略されない、憲法を変えれば日本は戦争をするんだという考え方がある。しかし平和憲法を持とうが持つまいが、戦争をしない決意はできるのです」と真意を説明する。

戦争末期、米軍の本土上陸が差し迫り、西田氏の祖父に当たる天香氏（1872—1968）は、園の人たちを礼堂に集め、米兵が攻めてきた時の死に方を説いた。「ここに座って言いなさい、銃を構えて撃ってきたら、アホーと言って死にましょう」。そう教えられた西田氏は、声高に平和憲法を叫ぶのではなく、まる腰で非武装・非暴力を実践するにはそれだけの覚悟が必要であり、それができますかと問いかけたのだ。「もっとも、インド人の議長から、日本の中の問題はロビーでやってくれと打ち切られました」と45年前を回顧する。

大会参加には、金光教泉尾教会の三宅歳雄教会長の強い誘いがあった。「天香さんと三宅先生は親しかった。大会2年前に天香さんは亡くなりましたが、私を引き立てようとして下さった。ただし、一燈園は財団法人で、一宗をたてているわけではない。なので参加資格はあるのでしょうかと聞いたわけです。三宅先生は、一燈園が入らないと大会の意味がないと仰る。その結果、友愛団体として参加することになったのです」「天香さんは、味の素ではないが、（一燈園は）宗教の素みたいなものだと言っていました。三宅先生もそう感じていられたのでしょう」

下座に徹し、簡素な生活を実践する一燈園には悩める青年に加え、仏教やキリスト教を問わず多くの宗教者が訪れた。その中には外国人もいた。「7歳の時にヘレン・ケラーさんが来たのを覚えています」。そのため京都大会の海外宗教者は西田氏にとって見慣れた光景だった。それに昭和36年（1961）、米国の比較宗教学者マーカス・バッハ博士の招請により、病気療養中の天香氏に代わって米国宗教視察日本宗教界代表団の一員として、訪米した体験も大きかった。

ある年の核廃絶をテーマにした広島でのシンポジウム。司会は旧知の神父。突然、西田氏に発言を求めた。「私がこうして生きていられるのは原爆のおかげ、犠牲者はいのちの恩人です、とうっかり話したんです。会場の空気は一瞬に凍りつきましてね」と当時の緊張感を口にする。「天香さんの教えもあって、常に自分とどう関わっているのかを考えるクセがあるものですから」と前置きして、こう語る。

「戦争末期、いよいよ天香さんも本土決戦を覚悟した。それがアホーと言って死になさいと。ところが広島、長崎への原爆投下があり、日本の終戦が早まった。本土決戦となれば15歳の男子の自分のいのちはなかったはず。そうすると、こうして今、生きていられるのは原爆で犠牲になった多くの人たちのおかげではないか」

帰り際、二人の若いシスターがやって来て「いいお話を聞かせて頂きました」と呟いて去った。続きがある。西田氏のトイレ清掃奉仕の姿を撮影していたカメラマンとの雑談で、このことを話した。「姉が自分の死を、いのちの恩人だと思っている人がいることを知れば、姉は成仏しているでしょう」。カメラマンは広島の出身だった。

西田氏は現在、宮崎県日南市にあるサンメッセ日南というテーマ・パークに毎月のように足を運ぶ。巨石のモアイ像が有名だ。１９９６年の開園で、天香氏の精神を顕彰し、大自然（地球）に感謝するとのコンセプトから誕生した。西田氏が特に力を注いだのが「地球感謝の鐘」である。「当時、『地球にやさしく』というフレーズがありましたが、大間違い。人類の奢りからの言葉です。そうではなく、人類は地球に赦される生活をしなければならないのです。地球に赦される生活とは何か。

地球に感謝する生き方です」

西田氏の呼びかけに賛同した国内外宗教者30人が建設資金を提供し、地球へのメッセージを寄せている。山田恵諦天台座主をはじめ神道、キリスト教、イスラームなど宗教指導者の短い感謝のメッセージが日本語と英語で石柱にはめ込まれている。「半分ほどはＷＣＲＰを通じてのご縁です。おかげさまで来場者は増え、最近は韓国や台湾の方々もきます」。教団施設や会議室で行われる宗教間対話や宗教協力論議とはひと味違った、いつでも誰にでも開かれた宗教協力の聖地であろう。

日宗連を運動体にした大石秀典という存在

清水雅人氏
元新宗教新聞編集長・宗教評論家

戦後日本宗教史の生き字引的存在である清水雅人氏（１９３６―）。新宗連（新日本宗教団体連合会）に奉職し、新宗教新聞編集長や日本宗教連盟（日宗連）幹事・監事などを務めた。ＷＣＲＰ（世界宗教者平和会議）京都大会では写真部長のほか広報も担当した。宗教協力前史を知る貴重な存在である。

清水氏によると１９７０年の京都大会前史を見る時、新宗連初代事務局長である大石秀典氏（１９０３―１９９６）の功績が大きいと明言する。東大印哲出身の俊才で、昭和26年（１９５１）

の新宗連設立に奔走するなど諸宗教間の連携を促し支えてきた人物である。当の清水氏は高校時代から大石宅に世話になり、その縁で大学卒業後、新宗連に入った。いわば師弟関係にある。

「大会3年前の1967年、米国のホーマー・ジャック博士（ユニテリアン、WCRP国際事務局の初代事務総長）ともう一人の2人が新宗連事務局に来たんですよ。応対したのが大石先生とぼく。宗教者による世界会議を開きたいとかではなくて、立正佼成会の庭野日敬会長について聞きたい、会いたいという話でした」

1968年1月のインドの会議、続く京都での日米会議が、世界大会への布石になったと見られているが、その前にジャック博士と大石氏の出会いこそが起点となったと清水氏は指摘する。ジャック・大石コンビは口論しつつも共に大会推進役となり、京都大会では事務総長と共同事務総長の要職を担った。

大石氏の貢献はそれに限らない。「日本宗教連盟（日宗連）という文化庁との事務連絡機関にすぎなかった組織に国際問題委員会を設置し運動体にしたこと。これがWCRPを成功させた最大の功績」と言い切る。

日宗連は教派神道連合会、全日本仏教会、日本キリスト教連合会、神社本庁、新宗連の5団体で構成。理事長・事務局長は5団体が1年ごとに交代する。大石氏は専門的な委員会を設置することで継続性を担保し、開催主体とした。委員長には新宗連理事長の庭野氏が就任し、大石氏は総幹事となった。国際問題委員会の設置は、大会前年1969年7月のことである。

「戦前は、大政翼賛会協力団体の大日本戦時宗教報国会。戦後に日宗連として再スタートし、文化庁（宗務課）とは持ちつ持たれつの関係。日宗連国際問題委員会は、後に財団法人WCRP日本委員会に衣替えする」「それまでの国際的な宗教会議のほとんどは大本が主導であった。大本は、世界連邦運動を展開し、それをもとに世界連邦日本宗教委員会が発足。もう一つが、京都大会と同じ名称の世界宗教者平和会議を主催した宗平協（日本宗教者平和協議会）。この二つが先行していた。それに対して大石先生は日宗連を軸とした。社会的にも認識されるようになり、海外からもこうした組織があることが知られるようになった」

日宗連監事だった清水氏も国際問題委員会の一員となり、大会では写真部長のみならず、記録や広報関係でも活躍した。

京都大会のテーマは「非武装・開発・人権」だったが、世界の関心事はベトナム戦争であった。「チェン・ミン師とナット・ハン師の2人はベトナム仏教界の最高峰。とくにチェン・ミン師は非武装、無抵抗運動をやってきた筋金入りの僧侶。反政府運動で逮捕された経歴を持つ」。京都大会に参加したくても、南ベトナムからの出国が危ぶまれていた。フランスにいたナット・ハン師は詩人でもあり、閉会式で詠んだ彼の詩を清水氏が訳している。

清水氏にはある場面が焼き付いている。宗教別の仏教会議で、ベトナム代表がベトナム問題を議論する委員会の設置を要求してきた。「日本仏教鑽仰会の中山理々さんはこの案を支持した。それに対して全日仏の稲田稔界（日宗連理事長）さんが『保留』とした。同じ日本仏教で対応が分かれた。どうなるかと思った。記録にも残ってますよ」と苦笑しながら振り返った。

大物の保留に困惑するベトナム代表と大会関係者。ここに意外な助っ人が現れる。ベトナム問題を熱心に追いかけていた毎日新聞の横山真佳記者（1937―2013）と、大会の中心にいて起草委員会委員であった飯坂良明学習院大学教授（1926―2003）である。「ベトナム戦争や委員会設置について横山さんは、どう思うかと何度も聞いてきた。飯坂さんに相談したら別枠でやろうということになった。それで非武装部会の中にベトナム小委員会ができた」

当時の記事に署名はないが、毎日新聞の第一報では「日本側はちゅうちょしたが、賛成が多く」（大会翌日の10月17日付け）と書いている。そんな側面支援があって委員会は設置された。横山記者は続けて、〝チェン・ミン師と本社記者が単独会見〟を出稿。チェン・ミン師の平和への思いを掲載している（同10月18日付け）。横山記者は後に、大型企画「宗教を現代に問う」に清水氏と共に参画した。

清水氏は何人もの名前を列挙する。ほとんどが表舞台で活躍した人よりも裏側で支えた人たちである。そして「京都大会の報告書は真っ赤にしてある。それほど読み込んだ。宗教の国際会議の宣言文で京都宣言ほど素晴らしい宣言はない。自分のバイブル」とまで言い、「富める者や抑圧者に対し、貧者、被抑圧者の側に立つべき」という一文を諳んじた。45年を経た今日の宗教界への警句と受け止めたい。

反対する理由一つもなし　日宗連主催を決断

坂田安儀氏
禊教教主、元日本宗教連盟理事長

昭和9年（1934）生まれの坂田安儀氏は、父の急逝により東北大学学生時代に禊教管長（現教主）に就いた。若い人に経験を積ませようと教派神道連合会（教派連）理事長にも推された。必然的に日本宗教連盟（日宗連）の理事に就任。日宗連理事長は5団体が一年交替で務めるが昭和42年（1967）、33歳の時に理事長の順番が回ってきた。「おれ（自分）なかりせば、世界宗教者平和会議は生まれなかったのではないか、という思いを持っている。大それたことを言っているのではなく、歴史の妙というかな」と遠くを眺めるようにして坂田氏は切り出した。

昭和43年（1968）1月10日、インドのニューデリーでガンジー生誕100周年記念・国際諸宗教平和シンポジウムが開かれた。これに出席した米国宗教者が京都に集い1月22日、日米諸宗教者会議を開催することになった。主催団体の一つは日宗連になるのだが、難色を示す加盟団体もあった。

日宗連の理事会前、庭野日敬立正佼成会会長、三宅歳雄金光教泉尾教会教会長、中山理々日本仏教鑽仰会理事長、大石秀典新宗連事務局長らが坂田氏の自宅を訪れた。「日本の宗教界として行動を起こしたいということで、たまたま日宗連理事長だったことから、われわれが発議するので、理事長として議事をリードしてくれないかと。この発端を言えるのは自分しかいない」

当時はベトナム戦争が泥沼化し、米国宗教者はベトナム戦争をなんとかしたいという思いが強かった。そうした説明を受けとめた坂田氏は、「提議があって、日本宗教連盟、日本宗教界、日本宗教者として反対する理由が一つもない。そう報告したら決まった。あとで大石さんから、アレ（議事進行）は良かったとほめられましたよ」と懐かしむ。

日宗連に設置された国際問題委員会が第1回京都大会の主催団体となったが、そのレールを敷く決断をしたのが坂田氏であった。

一方で想定外の事態に直面した。教派連の有力教団である天理教の退会である。教団本部を訪れた坂田氏は「天理教さんの出番です」と京都大会への参加を要請した。ところが大要、次のような回答が返ってきた。

――教派神道連合会の天理教として参加すると、周囲は神道の教団と理解をするだろう。現在でも、特に朝鮮半島では神道ということで天理教は弾圧され、布教師たちは苦労している。大会参加は世界に向かって、天理教は神道であると宣言する形になる。だから坂田さんの望みを受け入れ京都大会に参加するから、教派連を退会させていただきたい――

驚きながらも、結果的に天理教の意思を尊重せざるを得なかった。「教派連にとっては、とても痛い傷を負いながらの世界宗教者平和会議でした。ですが京都大会は語学のできる人が特別条件。天理教さんは語学（通訳）面でよく支え、貢献してくれた」と感謝する。教派連から離れたとはいえ、「東京や各県などでの絆は今も続いています」と地域レベルでは関係が続いていると強調する。

昭和51年（1976）のアジア宗教者平和会議は格別に印象深い大会となった。京都大会にも参加したシンガポールのメヘルヴァン・シング師というシーク教の指導者がいる。宗教者会議に熱心で、これまで何度も顔を合わせた。

シンガポールには旧日本軍によって虐殺された人を慰霊する「怨念の塔」があり、この地を訪れる度に庭野氏はお経をあげ、坂田氏は祝詞を奏上した。シンガポール大会中、ある晩のレセプションに日本代表団が欠席した。翌朝、シング師は怒りをぶつけた。日本を代表して事務総長の坂田氏が、悪かったと謝罪した。この日も日本代表5人ほどが「怨念の塔」まで足を運び、ひざまずいて礼拝した。

その翌日、シング師は坂田氏に向かって急に日本語で話しかけた。「俺は戦争中、友人が目の前で日本兵の持つ小銃の台尻で殴られて死亡した。以後、日本人には心を開かないという決意をもって今日まで来た。しかし今回、みんなの礼拝を見て、心を開くときだと思った」

それまで英語で話していたのが日本語となり、終戦から31年経て心を開いたシング師。戦時中、疎開先の栃木市で、軍需工場のある群馬県を空襲するＢ29の大群を目にした小学時代の坂田氏。戦争体験は違っても、その言葉に共感するものがあったという。

そして「宗教協力や宗教間対話が常識」になっている今日、原点が大切だと指摘。すなわち「ＷＣＲＰの原点にあるのは自分の信仰。共に活動（行動）することで良しとするのではなく、自らの信仰を洗い直して深めていくこと。それが宗教協力の原点」と力を込めた。

（仏教タイムス２０１５年10月22日号から２０１６年１月14日号にかけて７回掲載。一部加筆、修正した）

くどう・のぶひと／１９６３年生まれ。１９８８年仏教タイムス社入社。編集長代理を経て２００２年編集長。

世界宗教者平和会議（WCRP）世界大会

①開催時期　②開催地　③テーマ

1　1970/10/16 ～ 21　非武装・開発・人権
日本・京都

2　1974/8/28 ～ 9/3　宗教と人間生活の質
ベルギー・ルーベン

3　1979/8/29 ～ 9/7　世界共同体を志向する宗教
アメリカ・プリンストン

4　1984/8/23 ～ 31　人間の尊厳と世界平和を求めて
ケニア・ナイロビ

5　1989/1/22 ～ 27　平和は信頼の形成から・宗教の役割
オーストラリア・メルボルン

6　1994/11/3 ～ 9　世界の傷を癒す
イタリア・ローマ、リバデガルダ

7　1999/11/25 ～ 29　共生のための地球的行動
ヨルダン・アンマン

8　2006/8/26 ～ 29　平和のために集う諸宗教
日本・京都

9　2013/11/20 ～ 23　他者と共に生きる歓び
オーストリア・ウィーン

アジア宗教者平和会議（ACRP）大会

①開催時期　②開催地　③テーマ

1　1976/11/25 ～ 30
シンガポール　宗教による平和

2　1981/11/7 ～ 11
インド・ニューデリー　平和のために行動する宗教

3　1986/6/17 ～ 21
韓国・ソウル　アジアにおける平和のかけ橋

4　1991/10/29 ～ 11/2
ネパール・カトマンズ　21 世紀に向かうアジアの宗教

5　1996/10/15 ～ 19
タイ・アユタヤ　我ら、アジアの隣人どうし

6　2002/6/24 ～ 28
インドネシア・ジョグジャカルタ　アジアの和解と協力

7　2008/10/17 ～ 20
フィリピン・マニラ　アジアにおける平和の創造

8　2014/8/25 ～ 28
韓国・仁川市　アジアの多様性における一致と調和

WCRP・ACRPに関する主な出来事

1893年
米国シカゴで万国宗教会議。近代の宗教間対話の曙光となる。

1946年
日本宗教連盟（日宗連）発足（6月）。

1951年
新日本宗教団体連合会（新宗連）結成（10月）。

1962～65年
第2バチカン公会議。カトリックが、カトリック以外の諸宗教に門戸を開く。

1968年
インドのニューデリーで「平和についての国際諸宗教会議」。世界宗教者平和会議について提案される（1月）。

1969年
トルコで世界宗教者平和会議暫定諮問委員会が行われ、日本の京都開催を決定。後に日宗連が受け入れ決定（2月）。

1970年
第1回世界宗教者平和会議（WCRPⅠ）を京都で開催（10月）。

1973年
WCRPが国連経済社会理事会よりNGOカテゴリーⅡの資格を受ける（5月）。

1974年
WCRPⅡをベルギーのルーベンで開催。出席したアジアの宗教者等によりアジア宗教者平和会議（ACRP）が協議される（8月）。

1976年
第1回アジア宗教者平和会議（ACRPⅠ）をシンガポールで開催。現地でインドシナ難民問題に対処する（11月）。

1977年
WCRPインドシナ難民救済委員会が難民救済活動を展開（1月）。

１９７８年
第１回国連軍縮特別総会（ＳＳＤＩ）で庭野日敬ＷＣＲＰ国際名誉議長が演説（６月）。
１９７９年
ＷＣＲＰⅢを米国プリンストンで開催（８月）。
１９８１年
ＡＣＲＰⅡをインドのニューデリーで開催（11月）。
１９８４年
ＷＣＲＰ日本委員会が財団法人格を取得（４月）。
１９８６年
ＷＣＲＰⅣをケニアのナイロビで開催（８月）。
ＡＣＲＰⅢを韓国のソウルで開催（６月）。
１９８７年
山田恵諦天台座主提唱の比叡山宗教サミットに参加・協力（８月）。
１９８９年
ＷＣＲＰⅤをオーストラリアのメルボルンで開催（１月）。
１９９０年
ユニセフからの要請を受け米国で「子どものための世界宗教者会議」を開催（７月）。
１９９１年
ＡＣＲＰⅣをネパールのカトマンズで開催（10月）。
１９９２年
ブラジルのリオデジャネイロで開かれた国連環境開発会議（地球サミット）に参加（６月）。
中東の宗教者を招いてＷＣＲＰ中東会議を東京と京都で開催（11月）。
１９９３年
インドのバンガロール、日本の伊勢、米国シカゴで開催された万国宗教会議１００周年記念行事に参加（８月）。
１９９４年
ＷＣＲＰⅥイタリアのローマとリバ・デ・ガルダで開催（11月）。
１９９５年
国連経済社会理事会ＮＧＯカテゴリーⅠに昇格（７月）。

第1回サミット21シンポジウム開催（国連大学）で開催（11月）。以降、5回開催。

1996年

ACRPⅤをタイのアユタヤで開催（10月）。

1997年

ドイツでWCRP国際協議会を開催（9月）。

1998年

ACRP主催による北朝鮮飢餓緊急人道支援のための日韓合同集会を東京で開く（5月）。

1999年

WCRPⅦをヨルダンのアンマンで開催（11月）。

2001年

米国同時多発テロに対する声明文の発表（9月）。

シンポジウム「イスラームを理解しよう—平和への対話と協力」を開催（12月）。

2002年

スリランカ紛争和解に向けて上座部仏教最高指導者（法王）が来日、「共同声明発表記者会見」並びに「スリランカ法王と日本仏教及び諸宗教指導者との和解と平和に関する意見交換会」を開催（6月）。

ACRPⅥをインドネシア・ジョグジャカルタで開催（6月）。

2003年

イラク危機の平和解決を願う緊急集会・宗教者祈りの集いを比叡山で開催（2月）。

2004年

イラク宗教指導者を招聘し、WCRP平和シンポジウム「イラクにおける平和構築—宗教協力に課せられた役割」を京都で開催（7月）。

2006年

WCRPⅧを京都で開催（8月）。

2008年

札幌で「平和のために提言する世界宗教者会議—G8北海道洞爺湖サミットにむけて」を開く。提言書を首相に提出（7月）。

ACRPⅦをフィリピンのマニラで開催（10月）。

2009年

国会議員や現地宗教者らが参加してアフガニ

スタンの和解と平和に関する円卓会議を都内で開催（11月）。

青年部会を中心に軍事費削減しミレニアム開発目標（ＭＤＧｓ）の達成をめざし「ARMS DOWN！ 共にすべてのいのちを守るためのキャンペーン」を開始。翌年9月まで街頭署名活動を展開（12月）。

２０１０年

ＷＣＲＰ創設40周年記念行事を京都・奈良で開催。その一環としてイスラーム指導者会議を開催（9月）。

２０１１年

東日本大震災被災に対して支援開始（3月）。

２０１２年

ＷＣＲＰ日本委員会、公益財団法人に移行（4月）。

東北大学大学院文学研究科実践宗教学寄附講座「臨床宗教師研修」スタートにあたり、同講座を支援。

２０１３年

ＫＡＩＣＩＩＤ（アブドッラー国王宗教・文化間対話のための国際センター）の協力を得てＷＣＲＰⅨをオーストリアのウィーンで開催（11月）。

２０１４年

ＡＣＲＰⅧを韓国の仁川で開催（8月）。

２０１５年

世界イスラーム連盟と対話プログラムを都内で開催（4月）。

２０１６年

ミャンマーの宗教指導者を迎えて都内でシンポジウム。宗教協力による同国の和平構築を後押し（4月）。

中東のイスラーム・スンニ派、シーア派の宗教指導者を日本に招いてのハイレベル国際コンサルテーションを国連「文明の同盟」（ＵＮＡＯＣ）と共催（5月）。

あとがき

ＡＣＲＰ創設40周年シンポジウムの基調発題で、講師の寺島実郎氏は、次のように主張して結んだ。

「宗教というのは権威です。その権威の中心にいる人たちが、若い人たちに宗教の名による妥協なき殺戮がいかに愚かなことなのかを熱烈に語り続ける情熱を失ったならば、世界は対話への道を見失っていくと思いますから、私は宗教者のみなさんにしっかりと役割を果たしていただきたいと思っています」

「ＩＳ」（イスラム国）が沈静化してきたとはいえ、世界ではテロや紛争は続出している。政治的な要因もあるが、ロヒンギャ難民のように、仏教徒がムスリムを迫害するケースもある。自然災害や環境問題と同様にテロや難民は一国内で解決できる問題ではなくなってきた。これらに対処するには、国境を超えた連携が不可欠である。宗教も例外ではない。もうすぐ50周年を迎えようとする世界宗教者平和会議（ＷＣＲＰ）は積極的にこうした問題群に取り組んできた。それでもなお新たな問題が生じてきている。寺島氏の宗教者への期待を込めた熱いメッセージをどう受け止めるのか。一人ひとりが現実を直視して、語り継がなければならないだろうし、それが対話にもつながっていくことだろう。

シンポジウムでは印象深い発言があった。紛争当事者だけでなく、第三者を加えることの意義について、オレンジの分け方を例にしたタイのユニャシット氏は、カットしたり、ジュースにすることもできるとしながら、「種を植えて育てる方法もあります」と述べた。この発言は、いま起きている紛争や対立を解決しようとする時に、中長期的な視座の必要性を示唆している。当事者だけでなく第三者が中長期的にかかわることも含まれるだろう。

同じような内容をＷＣＲＰ創設者の一人である庭野日敬氏も述べている。

「いま目に見える効果がないように見えても、一歩でも半歩でも、まずふみだすことだ。どんなに不毛な地だからといって、種を蒔かなければ芽が出ることはない。地に下ろされた種は、いつか芽を吹き、花を咲かせ、実を結ぶときがくる」（庭野日敬著『この道』）

種を蒔いて育てるには水やりも必要だろう。その継続的な水やりの役割こそ宗教者による対話ではないのか。そう考えると宗教協力、宗教間対話は途中で投げだすわけにはいかない。それだけ責任は重い。

本書ではまた、仏教タイムス紙面に掲載したＡＣＲＰとＷＣＲＰの草創期に関わるレポートを収載した。創設にかかわった人たちの何人かは手記を残しているが、それらを参照しながら取材を重ねた。ＡＣＲＰは最初の大会開催と同時にダイナミックな活動を伴うことになった。インドシナ難民がボートピープルとして国外へ出て、それが開催地のシンガポールに漂着し、それに対する支援に着手することになったからだ。ＷＣＲＰにとっても難民問題に取り組む契機となった。その後の難民支援の始まりと言っていいだろう。

京都での第1回ＷＣＲＰ大会およびＷＣＲＰ創設にいたるまで国内外における多くの宗教指導者の尽力があった。ＷＣＲＰは日本から始まったのか、というと必ずしもそうでもなさそうだ。アメリカはアメリカだと言い、インドはインドだと言う。つまりＷＣＲＰのルーツは日本、アメリカ、インドの３カ国にある。第1回大会時のスタッフだった勝山恭男氏は、それぞれ国内事情を抱えながら、運動が一元化したと解説した。

平和そのものは、戦争や紛争がない状態を示すが、20世紀後半に一元化した宗教協力による平和構築運動は、プロセスこそが重要となる。異なる宗教者同士の出会いから始まり、相互理解と和解に向けて議論を重ねていきながら意見を集約していく。その間のプロセスはまさに平和構築への歩みである。21世紀に入り、世界では紛争や対立が絶えないが、諸宗教が平和への光明を灯す存在であることを願わずにはいられない。

資料提供をご承諾いただいた寺島実郎氏、取材に応じて頂いた方々、ＷＣＲＰ日本委員会の皆さまに感謝申し上げます。

平成30年（２０１８）６月

週刊仏教タイムス編集長　工藤信人

佛教タイムス社　昭和21年（1946）７月、真宗僧侶常光浩然によって宗派を超えた仏教伝道・仏教情報の機関紙として、原爆が投下された広島で創刊。昭和25年（1950）東京に移転。旬刊・週刊・旬刊をへて平成７年（1995）から週刊発行。

『第６回アジア宗教者平和会議・決定事項』『第７回アジア宗教者平和会議・決定事項』『第８回アジア宗教者会議・報告書』『共生時代の宗教協力―ＷＣＲＰ創設30周年記録集』『WCRP創設40周年記念記録集』の編集に協力。

宗教の名を使った暴力的過激主義を問う
―ACRP創設40周年記念シンポジウム記録と
宗教協力の草創期と展開―

発行日　平成30年（2018）８月24日
編　集　仏教タイムス編集部
協　力　（公財）世界宗教者平和会議（WCRP）日本委員会
アジア宗教者平和会議（ACRP）
発行者　山崎龍明
発行所　㈱佛教タイムス社
〒162-0843　東京都新宿区市谷田町2-7　東ビル６階
電話03-3269-6701　FAX03-3269-6700
E-mail：info@bukkyo-times.co.jp
URL：http://www.bukkyo-times.co.jp/
ISBN978-4-938333-09-6